日韓「禁断の歴史」

金完燮《キム ワンソプ》

小学館

日韓「禁断の歴史」

はじめに

韓国という国についてみなさんはどのような印象をお持ちでしょうか？　近くて遠い国？　日本を困らせる恩知らずのお隣さん？　あるいは、近づきたくない、貧しい発展途上国？　韓国で生まれ、40年間そこで生きてきた私には、韓国人にとって日本人がいかなる存在であるかをよく理解しています。韓国には日本を好きな人もいれば嫌いな人もいますが、いずれにしても日本に対してかなりの好奇心を持っており、日本に行ってみたいと思っています。すなわち、どんな理由であれ韓国には日本を知らないというような人は存在しないということです。韓国人にとって日本はこのように大きな存在なのです。

しかし日本人にとって韓国はそのような存在ではないのでしょう。おそらく韓国の正確な位置さえ知らない人も多いだろうと思われます。あるいは、朝鮮という単語は知っていても韓国は知らない人もいるようです。韓国という名称は朝鮮、大韓民国、北朝鮮、高麗、コリアなどの様々な名称とごちゃ混ぜになり、混乱されているかもしれません。

韓国で『親日派のための弁明』という本を出したのが２００２年３月。あれから1年半が経ちました。戦前の日本統治時代を肯定的に評価したこの本は、刊行１か月後に韓国政府によって「青少年有害図書」に指定され、事実上の発禁処分を受けました。この草稿をウェブサイトに書き始めたのが２００１年７月ですから、韓国の人々が私の〝風変わりな考え〟に接し始めてから２年が経ったわけです。

当時、私のウェブサイトは20日間ほど公開された後、政府の検閲機関によって強制的に閉鎖させられてしまいましたが、その短い期間に非常にたくさんの人々が私のウェブサイトを訪れ、私の文章を読みました。「反日国家・韓国」に対する私の小さな戦争はその時から始まったと思います。２年が経過した今、韓国で金完燮という名前はかなり知られています。印刷された本は数千冊に過ぎませんが、おそらく普通の韓国人なら「自生的親日派」として過去の日本統治を高く評価する作家がいるという事実くらいは知っていると思われます。全てのメディアから意図的に無視されている状況から、いつの間にか有名になったことに私自身も大変驚いています。そうでありながらも、何の身辺警護もなしにソウルの街を闊歩《かっぽ》し人と会っている現状は、昨年の今頃から考えても想像しがたいことです。

２年前、私がこのような本を書いていると言うと、知人たちは止めようとしました。実際、私自身もこのような本を出すことは、ほとんど自殺行為に近いのではないかと認めていました。テロこそ受けないとは言っても、最低数年間は海外に逃げていなければならないと予想していました。事実、刊行後に警察や裁判所から嫌がらせを受けたこともありました。しかし現在では、テレビにも出演しインタビューも受けており、公開の集まりで私の紹介も詳しくなされ、普通の人たちと同じように過ごしています。これは韓国社会の雰囲気が2年前とは大きく変わってきたという事実を証明するものです。

おそらく、今後も私が韓国でテロを受けずに活動するようになれば、これまで様々な不利益を恐れて発言を控えていた多くの知識人たちが徐々に口を開き始めるのではないかと期待しています。これが今、私に与えられたパイオニアとしての役割ではないかと思います。

去る7月上旬、東京に滞在している間、驚くべきニュースに出会いました。中日新聞(東京新聞)7月4日付の報道によれば、韓国の大統領諮問機関である民主平和統一諮問会議が韓国の中高生12万名を対象に国家好感度を調査した結果、韓国の青少年たちが「最も好きな国」が「日本」となっていたのです。日本、米国、中国、ロシア、北朝鮮への高感度を質問したこの調査によれば日本に対して、「大変好感を感じる」「若干感じる」と答えた青少年が全体の61・6％を占め、ダントツ1位の座を獲得しました。ちなみに2位は北朝鮮で53％、3位は中国、4位は米国でした。

「反日韓国」に何か根本的な変化が起こり始めているのでしょうか？　私はこれまで同種の世論調査を数多く見てきましたが、最も嫌いな国に日本が選ばれた調査は何回もありましたが、最も好きな国として日本が1位に選ばれるというのは、それこそ生まれて初めて聞く話です。北朝鮮に対する好感度が53％もあるというのは、最近の朝鮮半島情勢（核開発や拉致被害者問題）に敏感な日本人には理解しがたい結果でしょうが、韓国の若者は北朝鮮を同じ民族の国として大事にし、愛さなければならないと教えられているためこのような反応も自然であると言えるかも知れません。

この2年間、日韓関係には多くの出来事がありました。最も大きな事件は2002年のサッカーW杯共同開催であり、今年に入ってからは韓国の盧武鉉《ノムヒョン》新大統領が日本を国賓訪問しました。この間、日本では日朝首脳会談と日本人拉致事件によって日本全体が大きく揺れました。しかし残念ながら、日本人拉致事件の問題はあくまで日本国内に限定された「コップの中の嵐」にとどまり、国際社会はもとより韓国でもあまり関心を呼び起こすことができずにいます。後述するように、拉致事件はこれまで日本がどれだけ国際社会のイシューから孤立したまま過ごしてきたかを逆説的に表わしてもいるようです。

この2つの事件によって、そして私だけの期待かもしれませんが、「自生的親日派」の出現によって日韓関係の根底に非常に大きな変化が発生しているように見えます。2003年韓国のマスコミは麻生太郎・自民党政調会長（当時）の「創氏改名は朝鮮人が望んで始まった」という発言を批判し、江藤隆美・元総務庁長官の「日韓併合は両国が調印して、国連が承認している。植民地支配ではない」という発言に対しても猛攻撃を浴びせました。江藤隆美氏は1995年の総務庁長官在職時に「植民地時代には日本は韓国によいこともした」という発言が原因で辞任しましたが、発言発覚後の展開は当時と全く違った形で進行しています。

以前であれば「妄言騒動」と大々的にバッシングされ、最終的には発言当事者の政治的責任を問う方向に展開したであろうこれらの事件が、予想外に静かにやりすごされているのです。日本の中でもこれらの「妄言」に対し政治的責任を問う声はほとんど出ていませんし、韓国のマスコミの報道比重も著しく減りました。「妄言」に対して必ず行なわれる糾弾大会もありませんでした。何よりも麻生太郎氏はその後も自民党政調会長職を務めており、江藤隆美氏に対しても非難の声はあまり大きくなかったように思えます。これは日本の世論が変わったためです。今、麻生氏や江藤氏の発言が一つの真実を物語っていると言っても正面から異議を提起する人は少ないのではないでしょうか。

韓国の新大統領の日本訪問でも両国は大きな変化を経験しています。2003年6月、過去の歴史については一切言及するつもりのなかった盧武鉉大統領は結局日本の国会演説において原稿に無い部分を追加し、その浅はかな歴史認識の一端を垣間見せてしまいましたが、これは当時の国内世論が彼の訪日を「屈辱外交」と罵倒するような、集中砲火を浴びせていたためで国内向けに仕方なく挿入したものと理解できます。とにかく盧武鉉大統領は演説中、日本の国会議員たちから満場の拍手をもらい、天皇陛下とも有意義な時間を共有するなど、両国は友好関係を全世界に誇示することができました。

今後、首脳会談で合意した日韓自由貿易地域創設や日本文化に対する完全開放、韓国人に対するビザ免除、金甫《キムポ》―羽田空港間の直行空路開設などが実現されれば、日本と韓国はより近しい友好国として発展していくでしょう。

国際情報誌『SAPIO』での全16回の連載において、私は日本と韓国の歴史問題だけではなく様々な国際的懸案についても私なりの意見を披瀝《ひれき》しました。しかし、私が連載全体を通して主張したいことはたった一つです。日本はもう過去の歴史の亡霊から抜け出さなくてはならないということです。「日本よ、立ち上がれ！」――これが日本の読者に伝えたい、たった一つのメッセージです。

日本が一日も早く国際的な孤立主義から抜け出し、普通の軍隊を保有する普通の国家として再生する日、東アジアは日本を中心に団結し、安定するようになると私は信じています。そのような状況においてのみ世界は、米国、欧州、東アジアという3機軸が互いに協力し牽制し合う望ましい構図の下に平和と繁栄を謳歌することとなるでしょう。今のようにどの国家も米国を牽制できない状態は人類の未来のために決して望ましくないと思います。

最近日本の人々は「拉致事件」という不慣れな問題に直面しています。私は日本人がこの不幸な事件をきっかけに自分たちがこれまでいかに孤立していたか、また、国際社会の懸案にどれだけ無責任だったか気づいて欲しいと願っています。拉致された日本人とその家族たちを救い出すことは、言うまでもなく重要かつ緊急の課題ですが、その過程で誰が、どこまでが日本人なのか、という問題、すなわち日本人の国としてのアイデンティティーを考えてみることも負けず劣らず重要なことです。韓国人の私にはたやすく見えるこのような問題を日本人にはいくら話しても理解できないような印象を受けます。

ここで私が指摘したいのは、1959年に始まった北朝鮮への帰還事業で送られ、〝監禁〟同様の生活を強いられることとなった1800人の日本人妻、さらに彼らを含めて9万3342人に及ぶ在日朝鮮人の存在です。詳しくは本書の第二章で触れていますが、当時の事情からすれば「事実上の拉致被害者」とも言える彼らへの配慮を今の日本で見ることはありません。

最近韓国で北朝鮮に拉致されたある漁師が30年ぶりに帰還するという出来事がありました。しかしこの〝歴史的事件〟は、メディアがごく簡単にニュースとして報じた後、すぐに人々から忘れ去られました。日本人拉致被害者に対する日本メディアの大々的な扱いとはあまりにも対照的です。日本人からすれば拉致の被害者に対する韓国の無関心の方がおかしいと思われるかも知れません。

韓国の憲法は北朝鮮で暮らす人々を全て大韓民国の国民と認定しているため、ある意味2000万人の北朝鮮の国民全員が拉致された状態にあると言えます。また韓国での何らかの問題によって自ら北朝鮮に「越北」する人も少なからずいます。さらには、拉致された北朝鮮から脱出して来たという人物が実は極秘任務を受けて韓国に送られた2重スパイだったというケースもありました。こうした事情から韓国人は拉致問題に過剰な反応を見せないようになったのです。日本人妻の問題を含め、日本人はこれまで隣国に対してあまりにも関心を払わずにいたのではないでしょうか。

だからこそ、一連の拉致被害者問題によって日本人が自らのアイデンティティーをより深く掘り下げて考えるようになり、その結果として「アジアの一部としての日本」を発見するようになることを願ってやみません。それは今後の日本の国益のためにも望ましいことです。われわれは、米国、欧州、日本、アジアという風に、日本をアジアと異なる地域として分類することに慣れています。しかし、これからは米国、欧州、(日本を含めた)アジアというような形で分類できるようになって欲しいのです。「アジアの一部としての日本」、ある意味当然なのですが、今までは決して当たり前だとは言えない用語だったのです。

2002年6月、『親日派のための弁明』の翻訳本が日本で出版されるより先に、『SAPIO』に連載(「日韓『禁断のテーマ』を斬る!」)を始めることが決まりました。韓国でいくつかの雑誌に連載や寄稿をした経験がありますが、10数万人の購読者を持つ日本の雑誌、それも大変影響力のある国際的な雑誌に連載することは私にとって大きな挑戦でした。私は今回の連載を通じて、この仕事が一冊の本を書くことよりも何倍もきつい仕事であることを痛感するようになりました。

この1年間に真っ正面から取り組んだこの連載はおそらく私のこれまでの人生で最もしんどい書き物であった気がします。またそれは、それほどに心血を注いだという意味でもあります。連載が続いた間、遅筆の私に忍耐強くお付き合いくださったSAPIO編集部には感謝の意を申し上げます。とくに担当編集者であった平田久典氏をはじめ、塩見健編集長、発行人の竹内明彦氏に感謝いたします。

2003年9月1日　ソウルにて

金完燮

日韓「禁断の歴史」◉目次

装幀　多田和博

装画　©orionpress

写真　〈第一章〉
ソウルの日本大使館前での元慰安婦による抗議デモ(2002年3月)
Chung Sung-Jun/Getty Images/AFLO FOTO AGENCY
〈第二章〉
日朝首脳会談での小泉純一郎首相と金正日総書記(2002年9月17日)
代表撮影
〈第三章〉
米国・ロサンゼルスでの『明成皇后 The Last Empress』公演
AP/WWP
〈第四章〉
日韓中ASEAN首脳会議での各国首脳(2002年11月、プノンペン)
共同通信社
〈特別対談〉
撮影・峯岸雅昭

校正　西村亮一

第一章

歴史論争に終止符を

「従軍慰安婦」は日本流ヒューマニズムの証《あかし》

「日本軍性奴隷」――これが韓国での公式用語

「従軍慰安婦」とは大東亜戦争のとき日本軍を相手にした売春婦を称する用語だが、最近の韓国にはこの言葉を使用するだけで腑抜けの旧世代という指弾を受けざるをえないような雰囲気がある。最新改定された正確な（？）用語に従えば「性奴隷」と呼ばなければならない。

「日本軍性奴隷」――これが女性団体らの執拗《しつよう》な主張で最近韓国に定着した公式用語だ。しかしこの用語には日本の国家的イメージを失墜させようという意図が窺《うかが》える。事実を知る者からすれば客観性を失っている用語といえる。それだけでなく、ある用語が特定の価値判断を含むことを容認したとしても、その価値判断が事実誤認に基づいている。従軍慰安婦は様々な試行錯誤の結果生まれた制度だということはできるかもしれないが、基本的に人を奴隷にするために行なわれた制度ではなかったからだ。

記憶をたどってみると、幼い頃から私は日本統治時代に「挺身隊」(※)というものがあったということは知っていた。おそらく学校の教師や本、漫画、TVを通して知ったのだろう。

幼い時期以来最近まで、私が知っていた挺身隊に関する知識は概して次のようなものだ。

「日本統治時代末期、戦争の敗色が深まると日本軍は全国を回って片っ端から若い女子を捕まえて軍隊に閉じこめ娼婦として働かせた。その数は数十万にのぼり、挺身隊にとられないように両親は10代初めの娘を結婚させなければならないほどであった。そのような理由で年配の男子が幼い妻をめとって得をすることが多かった。捕らえられた女性は大部分純潔を失った後自殺したり、日本軍にさからって殴り殺されたり、あるいは病気で死んだ。生きて帰ってきた女性はごく少数……」

いまでも従軍慰安婦に関する韓国社会の定説は大部分、このようなストーリーからそれほどはずれていない。一例をあげれば、韓国の高等学校国定教科書は〈日本軍慰安婦の実像〉というタイトルで従軍慰安婦問題について次の通り記述している。

日本帝国主義は1932年頃から侵略戦争を拡大しながら、占領地区で「軍人等の強姦行為を防止し性病感染を予防して軍事機密の漏洩を防ぐため」という口実でわが国と台湾及び占領地域の10万人から20万人に達する女性を甘言と暴力によって連行した。

彼女たちは満州、中国、ミャンマー、マレーシア、インドネシア、パプアニューギニア、太平洋の島々と日本や韓国などで性奴隷として酷使された。11歳の幼い少女から30歳を超える多様な年齢の女性らは「慰安所」に留まって日本軍人を相手に性的行為を強要された。彼女たちは軍隊と一緒に移動したりトラックに載せられて軍隊を訪れたりもした。

彼女たちの人権は完全に剥奪され、軍需品、消費品としての扱いを受けた。戦争が終わったのちも帰国しない被害者の中には現地で捨てられたり、自決を強要されたり、虐殺された場合もある。運良く生存して故郷へ戻った日本軍「慰安婦」被害者は社会的な疎外と羞恥《しゅうち》心、貧困、病弱になった身体で終生苦しんで生きていかなければならなかった

（『国史』343ページ）

ところが筆者が調べたところによればこのような記述は事実と異なっており、事件の実

態を深刻に歪曲《わいきょく》しているものだ。もっと言うなら事実「歪曲」という表現も婉曲《えんきょく》な言い方であり、実際に起きたこととまったく異なったイメージを植え付けるという意味でこの記述は「作られた」といった表現の方が正確だろう。

戦場で男子の性衝動をどうコントロールするかという問題

従軍慰安婦は大東亜戦争期、海外に派兵された日本軍の強姦を予防し性病の被害を防止して、軍の士気を高めるために始まった制度である。

軍隊という集団は近代国家の暴力装置であり、戦時の軍人は本質的に殺人を目的として訓練された人間である。近代国家の軍隊は20代初めの男性を中心に編成される。この時期は男性の体力と精神力、知的能力が最高潮に達する期間であり殺人機械として訓練させるのに適当な年齢であるためだ。

このように国家は20代初めの男性を殺人機械として犠牲にして国家の繁栄と存立を維持するのだが、その代価として性欲が最高潮に達している軍人に最小限の欲求解消を保障してやらなければならない。特に戦時中、海外に派兵された軍人は最も不幸な人間であり、彼らは指揮官の命令によって戦争の消耗品として使われる運命にある。そういう理由で普段は温順な人間であっても戦場の軍人は残忍になり攻撃的に変わるようになる。このような時期の若者の性欲を最小限ではあるが解決してやることは国家と社会の当然の義務だ。

それにもかかわらず日本を除いては、体系的な従軍慰安婦制度を運営した国はこれまでなかった。慰安婦がない軍隊は戦争のとき常に殺人と強姦を行なう可能性がある。特に海外に行く軍隊の場合にはこういう傾向が激しく、これまでの戦争では勝利した軍隊が敗戦国の女性を強姦することが当然と考えられてきた。慰安婦がない軍隊にとって敗戦国の女性は最も重要な〝戦利品〟であるためだ。これは旅行に弁当を持っていかないと食うに事欠くようになって、結局他人の食べ物を奪って食べてしまうのと似ている。

朝鮮半島でも日本の敗戦後に韓国と北朝鮮に進駐したソ連軍と米軍によって数多くの強姦が発生した事例がある。特に北朝鮮地域では誰もソ連軍の強姦を阻止することができなかったため、女子等の外出が禁止され、あらゆる女性がコジェンイ(肌着の上に着る幅広の下着)を着るなど必死の対策が施《ほどこ》されたが、それでも強姦の被害は深刻だった。

このように従軍慰安婦は制度上何らの問題がないし、極論すれば軍部隊ごとに公娼をおくということは現代の国家でも望ましいアイディアだと考えられる。例えば、韓国と日本では今でも駐留している米軍による殺人や強姦事件が後を絶たない。米軍犯罪によって韓国の反米感情は独立以来最高潮に達しており、駐韓米軍はいつも韓国人のテロを心配して緊張の中で生活している。仮に駐韓米軍と駐日米軍が本国から組織的に募集された慰安婦を部隊ごとに運営するならばこのような強姦、あるいは強姦殺人は明確に減るはずだ。しかし米国は軍隊慰安婦制度を運営できない。売春が法律で禁止されているためである。

米国のように宗教の影響が強い社会は家父長的な力の原理が通用する傾向があり、これによって純潔と貞操思想が強力に残っている。これは未開な西欧キリスト教が招いた家父長文化の遺産であり、このような社会は売春に対して敵対的だ。

すなわち本質的に従軍慰安婦は有効な制度だが、そういう制度を運営するためには売春に対する社会的容認と公娼制度などが前提になければいけない。このような進歩的な国家は今日でも非常に稀《まれ》である。

問題を大きくした韓国の「純潔思想」

60年前に施行されたこのある意味〝画期的〟な制度は、日本という国家の先進性を証明するものといって間違いではないだろう。従軍慰安婦制度は日本軍のヒューマニズムを象徴する証拠として再評価されなければならない。

日本は海外遠征のとき慰安婦を送ることによって軍人と現地住民に配慮したが、これは世界戦争史に類例がない独創的な発想であり、日本の軍隊が侵略軍でなく解放軍により近かったという証拠となる。

このような従軍慰安婦制度は現代の軍隊にも必ず必要な制度だ。先ほど米軍における必要性を論じたが、韓国にとってもその意義は大きい。最近、韓国のように徴兵制度を敷く国家では女性の兵役義務が免除されることと関連し公平性に関する議論が沸騰している。女性に対しては現役服務、慰安婦服務、現金納付のうちのいずれかを選択させ兵役義務を実行することができるようにして、慰安婦服務について適切なインセンティブ（動機づけ）を加えるならば色々な面で望ましい制度になるはずだ。

一方、韓国の女性団体が特に従軍慰安婦問題に対して積極的に問題を提起している大本には、韓国社会がアジアで最も強力な純潔思想をもった社会であることが関係している。韓国社会で従軍慰安婦問題に熱意を見せるグループは概して純潔思想を盲信する女性運動家、すなわち女性解放の仮面をかぶっていながら実際には家父長制の守護運動をしている集団だ。

女は結婚する以前には純潔でなければならないという未開な思想、女は命をかけて貞操を守らなければならないという古い考えを差し引いて、従軍慰安婦問題を被害者の数字や被害の深刻さなどから考えると、事件としての優先順位ははるかに低下する。すなわち相対的に軽い事案であるとも言える。したがって一般的な戦争における人権蹂躙《じゅうりん》という範《はん》疇《ちゅう》で処理すればいいことだ。

慰安婦の中で圧倒的多数を占めた日本女性のうち一人も慰安婦時代の「人権蹂躙」に対して補償を要求した事例がないのに比べ、日本女性の半分にも満たない朝鮮出身慰安婦がいままで33人もカミングアウトしたという事実で、この問題が人権の問題というより一種のイデオロギー煽動であるという事実が浮かび上がってくる。

韓国では以前から従軍慰安婦問題が反日煽動の〝主要メニュー〟として使われてきた。ゆえに誰でもそのようなことがあったという事実を知っていたが、実際に慰安婦として仕事をした人々が登場し始めたのは最近のことだ。これは1990年代に韓国社会で進行した性革命によって純潔イデオロギーが弱くなった現状と関係がある。

慰安婦は妊娠、性病、厳しい労働条件、雇い主の搾取などにより苦痛を受けたが、朝鮮出身慰安婦にはなによりも精神的な苦痛が最も激しかった。昔から朝鮮社会では失節が婦女子のもっとも大きな悪徳と見なされていたため、家柄の良い女性は他の男と皮膚が触れたり手足の素肌を露出したという理由だけでも自決することが多かったのである。

純潔を失った女性が自決することは朝鮮社会で当然のこととされたし、国家ではこのような場合、烈女碑を建てて家門に大きな褒美を与えた。

したがって未婚の女性が数多くの男と性関係を持ったという事実は朝鮮社会では決して容認されないのである。これによって朝鮮出身の慰安婦は戦争が終わった後にも羞恥心により故郷へ帰れず現地に定着した場合が多かった。韓国ではいまだに性生活が紊乱《びんらん》な女を「売女」と言って罵るがこれは「還郷女《ファンシャンニョ》」として故郷に帰ってきた女性をさす言葉だった。

韓国人元慰安婦の証言は真実か?

17世紀初め、2度にわたり朝鮮を侵略した満州族は人質として数十万人の朝鮮人を連れ去っていった。朝鮮では長い間莫大な身代金を払ってその人々を連れ帰らなければならなかった。特に女性の身代金は高かった。

ところが、このように帰ってきた女性、還郷女らは貞節を失ったと憶測されたために朝鮮では彼女たちの処遇について「殺すべきだ」という意見と「赦《ゆる》すべきだ」という意見に分かれて騒然となった。結局国王は彼女たちを皆集めてソウルの弘済川で身体を洗わせ、それで貞節を取り戻したと宣言したが、実際には彼女たちはそれ以後も世人の蔑視の中で自殺したり、恥辱の中で終生を送らなければならなかった。

同様に慰安婦も故郷に戻ればこのような還郷女の身分を免れることは難しく、大部分は帰国を拒否して現地に定着する道を選択した。したがって朝鮮人慰安婦の苦痛は日本出身者に比べてはるかに大きかった。

慰安婦制度は日本の公娼制度の延長線上にある。明治維新以後、政府は遊郭を整理して売春婦と雇い主を国家に登録し税金を納付させた。登録された公娼には芸伎と遊女、酌婦、女給などいろいろな種類があったが売春に従事するという点では大きな違いはなかった。

当時、現代文明の発祥地であるヨーロッパでも〝純潔イデオロギー〟が猛威を振るっていたことを考えると、これはたいそう進歩的な制度と言わざるを得ない。軍の慰安婦はしたがって軍部隊に付いてまわる公娼に対してその公益性をより強化、制度化したに過ぎないといえる。海外に派遣された慰安婦は競争者がいなかったため収入が良かったということのみならず、国家のために奉仕するという自負心も後押しして厳しい労働に黙々と耐えて、自発的に仕事をしていたのである。

当時は朝鮮と台湾も日本に完全に同化していたのだから、慰安婦の問題を取り上げるなかで朝鮮出身なのか日本出身なのかを弁別することも意味がないと思う。一部の女衒《ぜげん》が慰安婦を募集する過程で当事者を欺いたり、賃金を不当に強奪するという事例もあったが、これはあらゆる職業に避けられないことであり、あくまで女衒の不正行為であって日本政府や日本軍が責任を負うべき性格の事案ではない。

韓国人元慰安婦の証言によれば彼女たちの多くは強制的に連れていかれ、賃金も軍票を受けとって雇い主に渡しただけでお金は触ることすらできなかったという。しかしこれがあらゆる朝鮮人慰安婦を代表する証言だと見るのは難しい。慰安婦の仕事で大金を稼ぎ、短期間に莫大な財産を築いたり、あるいは良い軍人と出会い結婚した慰安婦も多かったのである。これは統計学でいうところの標本母集団の誤謬《ごびゅう》として、最も不当な待遇を受けた慰安婦だけがカミングアウトしたという点を勘案しなければ、真実に接近するのは難しいと言えよう。

※挺身隊　本来は戦時中の労働力不足を補うために軍需工場などに徴用された10代の少女たちを意味するが、韓国では長い間、従軍慰安婦と混同されてきた。

日本政府は元慰安婦の謝罪・補償要求に応じる必要なし

韓国教科書に出てくる慰安婦の数は実際の20倍

さらに続けて従軍慰安婦問題の核心に迫りたいと思う。

さて、不当な待遇について証言する元慰安婦についてだが、当事者の証言とその家族、そして女衒の立場とは相当違う可能性があることを忘れてはいけない。たとえば、女衒が慰安婦の父母に会い仕事について説明した後、莫大な前渡し金を与えた場合でも、父母は当事者にこの事実を隠したこともあっただろう。

従軍慰安婦問題に関する資料には、朝鮮で慰安婦を募集した女衒が当時の金で少なくて300円、多いときは2000円もの大金を父母や家族に支給したと記されている。このような場合、女衒は投資を回収しなければならないため相当期間慰安婦に報酬を支払わないことになる。一方、当事者である慰安婦は酷使されながら何の報酬もないまま故郷に帰ってきたと信じるようになるのである。

ところで当時の慰安所の規模と運営実態はどうだったのだろうか。戦線が拡大されてから軍では後方に対し、さらに多くの慰安婦を求めた。これに対し、日本政府は多様な方法で必要な数の慰安婦を供給する努力をしたのである。

日中戦争初期までは、現役軍人100人あたり慰安婦1人の基準を充足するのにも大きな問題はなかった。しかし1941年、戦線が東南アジアと太平洋地域に拡大され、日本軍の規模が急激に増えると慰安婦に対する需要も増えた。こうなると日本国内で慰安婦を求めるのが難しくなった業者は、朝鮮や台湾、中国で慰安婦を調達したのである。

しかしその数字は韓国の国定教科書で主張する10万人から20万人という数とは相当の乖《かい》離《り》がある。

『図説陸軍史』（森松俊夫著、建帛社、1991年）は、戦争が最も激烈だった8年間に動員された日本軍の数を720万人から最大800万人と記録している。海軍を合わせても1937年以後動員された日本軍の総数は、900万人を超えなかった。1945年8月15日の時点で生存していた日本軍人の総数は約550万人であり、8年間の戦争で死亡した軍人は約165万人だった。

したがって、仮にあらゆる部隊に対して割り当てを満たしたとしても慰安婦は最大で9

万人にしかならない。従軍慰安婦は平均2年ほど仕事をしたが延べ人数で計算しても数字に大きな違いは生じない。大部分の慰安婦が戦争末期の1～2年間に集中的に動員されたためだ。

だが実際には、大部分の部隊で慰安婦が絶対的に不足していた。2万人規模の師団慰安所が、たった15人の慰安婦で運営されていた事例も報告されている。この師団で設定された基準「軍人100人あたり慰安婦1人」を満たすためには200人以上の慰安婦が必要だ。そうした事実を勘案すると、実際の従軍慰安婦数は理論上最大人員の10分の1から2分の1程度だったものと推定される。すなわち従軍慰安婦の数が最小9000人、最大でも4万5000人であったという結論になるのである。

日本と朝鮮、満州地域の駐屯軍はそのほとんどが慰安所を運営しなかったので、この地域の軍隊350万人を除いて軍人200人あたり1人の慰安婦がいたと仮定すれば、実際の慰安婦は約3万人であったという数字が出てくる。これは上の推定範囲内に収まる合理的な数字だ。どんな計算をしても韓国で主張する10～20万人という数字はありえない。

その上、この数字は動員されたあらゆる慰安婦の総数だから「朝鮮と台湾及び占領地域の10万人から20万人に達する女性を甘言と暴力によって連行した」という韓国教科書の表記がいかにとんでもない捏造《ねつぞう》であるかは容易にわかるだろう。

当時大部分の慰安所において、慰安婦は日本女性のほうが朝鮮女性に比べて2倍以上存在した。したがって他民族で動員した慰安婦は３０００人から最大1万５０００人に過ぎなかったと推定できる。韓国教科書が従軍慰安婦の数字を20倍にまで膨らませている上に、その実態も大幅に歪曲しているのは明らかだ。

慰安婦の「権利」を守るための規定もあった

さて次に慰安所の実態について考えてみたい。

慰安所の利用は各部隊の内部規定によって厳格に統制されていた。例えばフィリピン駐屯軍の事例は左ページの表の通りである（『従軍慰安婦資料集』韓国・書文堂）。また、各部隊の日程は次の通りだ。

日曜日：連隊本部、連隊直轄部隊

月曜日：第１大隊、第４野戦病院

水曜日：連隊本部、連隊直轄部隊、第３大隊

木曜日：第１大隊（ただし午前中は健康検診後にする）

金曜日：第２大隊、第４野戦病院

土曜日：第３大隊

その他にも性病予防及びセックス補助器具、健康検診、料金分配などに対して詳細な規定が作られているが紙幅の関係上それらは省略する。このような資料で推測すると、知られているのとは異なり、慰安所は合理的かつ体系的に運営されており慰安婦の人権と賃金支払いにおいても相当な保護措置があったことがわかる。慰安婦には暴力を振るったり酒に酔った利用客を拒む権利があったし、人気のある慰安婦の場合は競争が熾烈であったため労働も大変だったが、その一方で後見人を利用して多くの権力を振り回すことができたという記録も残っている。

最後に従軍慰安婦問題を評価するにあたってその公平性の側面を考慮してみようと思う。

第1に、日本人慰安婦と比較した場合、他民族の慰安婦により苛酷な苦痛があったのか

フィリピン駐屯軍・南地区師営内特殊慰安所利用時間

階級	時間	料金（朝鮮人、日本人）	料金（中国人）
兵	30分	1円50銭	1円
	1時間	2円	1円50銭
下士官	30分	1円50銭	2円
	1時間	2円50銭	2円
将校及び准士官	1時間	3円	2円50銭
	徹夜利用（24時から）	10円	7円
	徹夜利用（22時から）	15円	10円

利用時間	兵士	10時から16時まで
	下士官	16時10分から18時40分まで
	将校及び准士官	18時50分以降

備考：①軍属はそれぞれの身分によって所定料金を支払う。
②利用客は上記料金を超過する金額を慰安所経営者または慰安婦に支払ってはならない。

ということ、第2は「国家への奉仕」という観点からみた場合の男女間の公平性についてである。

第1の側面では概して公平性があったと考えられる。従軍慰安婦は主に日本人と朝鮮人、中国人で構成されていたが民族構成に関する信頼するに値する研究はまだない。恐らく今後も不可能だろう。ただしいくつかの地域の慰安所については民族構成を推定するに値する資料があるが、それらからは概して日本出身が圧倒的に多く、朝鮮人と中国人は一部に過ぎないことがわかる。台湾出身者は慰安所によって日本人に含まれた場合と中国人に分類された場合があるが、概して日本人に含まれたようだ。だが当時台湾の人口が日本の15分の1に及ばなかったことを考えればその数は非常に少なかったように思われる。

朝鮮の人口は日本の3分の1の水準だった。今のところ当時日本に同化していた朝鮮と台湾地域で、人口比例より多くの従軍慰安婦が動員されたと考えるに値する証拠はない。おそらく実際にも、人口比例程度でなかったかと推定される。

ただし朝鮮は社会発展レベルで日本と比べてかなり遅れた状況にあったため、女性には強い純潔思想が残っており、従軍慰安婦として仕事をしたという前歴があった場合、後によりひどい精神的苦痛を味わったであろうという点は認めることができる。したがって韓国側は朝鮮人従軍慰安婦問題に対して、こうした観点からの問題提起に終わるべきなのだ。

第2の問題は若干慎重な扱いをすべきものだが、筆者は一般論として女性にも軍役服務義務があり、特に戦時にはより一層そうであるべきだと考える。そして場合によっては女性の軍服務が慰安婦形態で行なわれることも必要であると思う。

女性の戦闘能力は相対的に男子軍人に比べて落ちるので、軍の士気や効率という側面からいえば女性軍人は看護や事務、慰安所従事などの戦闘支援役割を受け持ったほうが合理的であろう。最近米国では女性も一部戦闘部隊に参加しているがこれはあくまでも象徴的なレベルにとどまっている。

しかし現実的には慰安婦形態での軍服務には拒否感が大きいだろうから、拒否感を相殺できる程度のインセンティブを附与することによって自発的な参加を誘導する必要がある。例えば慰安婦に対して服務期間の減免、高所得保障、除隊後各種特典を附与する等の方法を講ずることなどだ。

韓国も「慰問公演団」の名でベトナムに派遣していた

ベトナム戦争に参戦した韓国軍人の証言を聞くと、韓国政府も参戦した軍人たちのために変則的な軍隊慰安婦制度を運営した事実が認められる。これは朴正熙《パクチョンヒ》大統領(当時)が日本軍将校出身だったという事実を勘案すればそんなに驚くべきことでない。

当時朴正熙政権は慰問公演団という名目で、主に芸能人らで構成された軍隊慰安婦をベトナムに派遣した。芸能人慰問公演団はある部隊に長期間とどまりながら多くの将校にセックス接待を行ない、ときには兵士にもその順番が回ってきたという。その当時は歌手でもタレントでも、韓国の女性芸能人なら誰もベトナム慰問を避けられない状況だったから、その規模も相当なものだったと推定される。

とにかく大東亜戦争時、日本において男子は徴兵徴用で国家のために奉仕し、女性は勤労挺身隊と慰安婦で奉仕した。したがって軍隊慰安婦は国家が全国民に課した義務の一形態だったが、雇用主による無理な募集と運営上の人権蹂躙、賃金奪取のような負の部分は問題としなければならないだろう。また前述のように貞操観念が浸透していた朝鮮の女性たちにはよりいっそう精神的な被害が深刻だった点も認められる。

しかしより大きな枠組みでこの問題を見た場合、従軍慰安婦は国家存亡を懸けた総力戦を遂行する国家のための女性の一奉仕形態であり、男の犠牲と比べて極端にその犠牲が大きかったとはいえないのではないか。

条約で決着をつけた日本に賠償義務はない

以上、従軍慰安婦問題について色々な側面から考察してみた。結論をいえば、韓国を中心とした元従軍慰安婦団体が主張する日本政府の個人賠償と戦争犯罪への謝罪を求める主張は一考の価値もないであろう。その理由は先に述べた被害規模や運営実態、さらに「駐留軍による現地女性の強姦」を予防する制度としての一面をもつことにとどまらない。

日本は既に1951年、サンフランシスコ講和条約を通し世界各国に戦後賠償を終え、以後条約当事国から除外された韓国、タイ、マレーシア、シンガポールなどとも個別条約により戦後賠償を終えている。特に韓国に対しては1965年に締結した韓日基本条約に基づき韓国側に8億ドルを支払って政府、民間次元のあらゆる賠償に決着をつけているので韓国の戦争被害者らに賠償する義務はない。

彼らが訴訟をしようとするならば自国の政府にすることが国際法上正しい行為である。また戦争犯罪に対しては既に戦犯裁判が開かれ処理が完了したので、敢えて軍隊慰安婦問題で実効性もない戦犯裁判の真似をするのも意味がないことなのである。

「安重根と伊藤博文」どちらが真の英雄か

伊藤博文暗殺は日韓併合を20年早めた

１９０９年に朝鮮人・安重根が伊藤博文を狙撃した事件はよく知られているが、これまで様々な評価がされ、それらの合意点を見いだすのは容易でない。

この事件についてあまり知られていない解釈が二つある。一つは安重根が伊藤博文を殺害したことによって、日本政治の悪弊であった藩閥政治が終焉を迎え、20世紀初めの日本が強大国に発展できたというものである。この説は伊藤公が明治維新後の日本において薩長独裁を維持してきた中心人物であったことに基づいている。

事実、日本において伊藤公暗殺後の１９１０年代末、薩長による権力独占の時代が幕を降ろした。その後、相当な水準での国民統合に成功した事実は無視できない。

１９２０年代、反薩長連合の主導で日本においては国の標準語政策が強化される一方、国民内部の地域差別行為が消滅した。これは結果的に、分裂していた列島の多様な地域と人種間に「日本人」としてのアイデンティティーを植え付ける結果となった。(『20世紀はドイツ、日本、21世紀は韓国が時代をリードする』チャン・ウンス著、1995年)

このような解釈はチャン・ウンス氏が、今日の韓国の宿痾《しゅくあ》である地域対立、すなわち「慶《キョン》尚《サン》道《ド》」や「全《チョル》羅《ラ》道《ド》」による独裁政治の弊害を克服するため、日本とドイツの事例を研究しつつ提示したものであるが、伊藤暗殺事件に対する一つの(多少、粗削りではあるが)新しい視点であることは間違いない。

もう一つ、これは筆者の解釈であるが、伊藤博文の暗殺は日韓併合を20年早める結果をもたらし、朝鮮の発展に大きく寄与したというものである。

みずから韓日保護協約締結を主導し、朝鮮の初代統監となった伊藤博文は、政治的、財政的に日本に負担になる朝鮮の合併を望んでいなかった。合併は一進会など朝鮮の革命勢力が要請したことであった。安重根の伊藤統監暗殺により日本の世論は急速に合併に傾いていったのだから、安重根は自分が望むのとは反対の「愛国」

を実現したわけだ。

（『親日派のための弁明』草思社、２００２年）

もちろん、安重根本人は自分の行動が招いた結果を予想できなかったのは明らかだが、彼は伊藤博文を除去すれば朝鮮が再び独立でき、東洋に平和が訪れると信じていたのかも知れない。このようにある重大な事件を引き起こした人物の意図とその結果が一致しないことは、歴史の評価を難しくする理由の一つである。

世界基準で伊藤博文に遠く及ばない安重根

韓国で「尊敬する人物は誰か」という調査を行なうと、今も昔も、世宗大王（１３９７～１４５０）、李舜臣（１５４５～１５９８）、金九（１８７６～１９４９）、安重根（１８７９～１９１０）といった人物が首位を占める。この中で世宗と李舜臣は国際的な基準でみても韓国の英雄として遜色のない人物である。

世宗はハングル（朝鮮文字）の発明をはじめとした多くの業績で朝鮮王朝の基礎を築いた名君であるし、李舜臣は豊臣秀吉の派遣した日本軍から国家を守った偉大な提督であるからだ。世宗と李舜臣は韓国人だけでなく、外国の人々にも認知され尊敬されていることを考えれば、まぎれもなく韓国が生んだ偉人といえよう。一方、金九や安重根のような人物は比較的最近になって、日本に抵抗し独立運動をしたという理由から韓国において尊敬されているのだが、私にはどの点が立派なのか理解できない。はっきりいえば、このような人物は韓国の異常な反日教育が作りだした〝偽〟の偉人に思えてならない。

この2人と比べると、同時代を生きた日本の伊藤博文や明治天皇は西欧のアジア侵略が絶頂に達していたとき日本の「富国強兵」を実現した偉大な指導者であり、日本人が世界に誇れる偉人であると言える。

実際、今日の世界の歴史学界において明治天皇は英国のビクトリア女王と同格に扱われており、伊藤博文もドイツのビスマルク、清の李鴻章《りこうしょう》とともに当時を代表する3大政治家としてやはり高い評価を受けている。彼らに対し、金九や安重根は見劣りすること極まりない。もし韓国人が米国やヨーロッパの歴史学者に「安重根と金九を知っているか？」と訊いて回ってもがっかりするだけだろう。

金九と安重根は、朝鮮の革命期に時代遅れの王朝に忠誠を誓いながら、変化に必死で抵抗した保守反動勢力を代表する人物だ。金九は1896年、朝鮮の黄海道で日本陸軍中尉・土田譲亮を何の理由もなく殺害し、官憲の追及を逃れ中国へ逃げた殺人犯だ。彼は自叙伝のなかで当時の状況を次のように書いている。

私はそのウェノム（日本野郎、日本人の蔑称）を頭から足の先までめった切りにした。まだ2月の寒さで庭は凍り付いていたが、血が湧き出るように溢れ庭に流れた。私は手でウェノムの血を握って飲み、その血を顔に塗りつけた。

（『白凡逸志――金九自伝』平凡社、１９７３年）

金九は当時、客主（商いの場と行商人の宿泊を兼ねた施設）で身分を隠していた土田を偶然に見つけたのだが、単に日本人という理由で閔妃《ミンビ》の死（１８９５年の乙未事件で殺害）と関連があるだろうと、復讐心を燃やしこのような凄惨な殺人を犯したのである。いくら儒教思想に凝り固まった無知蒙昧《もうまい》な朝鮮人とは言っても、推測だけでこんな残忍なことをするのは、尋常な精神の持ち主ではない。生まれつきの殺人鬼だと思わずにはいられない。彼はその後も、脱獄後の１９１１年に、寺内正毅総督暗殺未遂事件を起こして、終身刑を言い渡されている。

このような人物が官憲の目を逃れて中国へ逃亡した後、大韓民国臨時政府なるものを作って、いわゆる「独立運動の指導者」となったのだから、その運動の水準がいかほどのものか想像に難くない。

安重根の正体は守旧反動派

日清戦争が勃発した1894年以後の朝鮮は親日革命勢力と反日守旧勢力の戦場であったと言える。当時、内戦は1895年の断髪令と1907年の軍隊解散という2つの事件をきっかけに激化していた。髪を切ることは朝鮮の儒教社会と完全な決別を覚悟しなければならない象徴的な行為であり、当時の朝鮮の革命家たちは王宮の前に大砲を並べて国王の頭髪を切った。国王の断髪に成功した革命勢力は全国で強制的に断髪を実施したが、このとき金九のような守旧勢力が軍隊を率いて抵抗したので、その過程において血なまぐさい内戦が繰り広げられたのである。「たかが頭髪」と片づけてはいけない。当時、断髪問題は革命勢力と守旧勢力が最も激しく衝突した最前線であった。

1907年、朝鮮の革命勢力は守旧勢力の首魁である高宗《コジョン》を強制的に退位させ、軍隊を解散させた。

この時解散させられた軍人たちは朝鮮王朝に忠誠を誓う守旧派と連合して、大々的な反乱を引き起こし、この闘争は2年間続いた。安重根はこの内戦に参加した守旧反動派だが、伊藤博文はこのような状況の下で犠牲となったのである。

安重根は伊藤博文を殺害した後、大日本帝国の法廷で、自分は大韓民国の軍人であり韓国と日本は戦争中であるから捕虜扱いするよう要求した。韓国による独立戦争という視点でとらえれば彼の主張はある程度頷ける。しかし、それが認められなければ、安重根の罪は殺人だけにとどまらず反逆そのものにも及ぶ。

歴史のあるべき前進を妨げて過去へ回帰させようとする「慣性グループ」を私たちはよく守旧反動勢力と呼ぶが、このような反逆の徒がその意志を行動に移し、その過程で殺人を犯した場合、彼らは厳しく処罰される。歴史の前進のために反逆の徒を処断する殺人は正当なものと見なされている。つまり、殺人自体は必ずしも犯罪にならないことを歴史は証明してきた。どのような意図によって、あるいはどのような状況において殺人をしたのかによって善悪が決定されるのである。

現代の太平の世を生きている私たちは全ての殺人を罪悪だと判断する傾向が強いが、過去の革命期を評価するときには、殺人についてより積極的な基準を適用するのが正しい。すなわち革命の過程において、より多くの生命を救うために殺人が不可避だった場合、これは躊躇《ちゅうちょ》なく行なわれるべきものである。

安重根は1879年、朝鮮の黄海道海州で生まれた。彼の家は代々両班《ヤンバン》（李氏朝鮮時代の支配階級）であり、安重根は幼い頃から書物より武術に熱中する武人気質の持ち主だった。安重根の父親は1894年に東学《トンハク》農民戦争（東学党の乱）が起きると、軍隊を組織しこの鎮圧に貢献したが、安重根も父に従い戦闘に加わった。朝鮮王朝の支配階級としての守旧反動的な性向はこの時より現われ始める。

安重根は父に従いカトリックに入信し、フランス人神父から神学とフランス語を習った。彼は１９０７年、高宗の退位と軍隊解散によって朝鮮で再び内戦が勃発すると守旧派側に立って戦った。安重根は、現在のウラジオストク近くの沿海州へ赴き、反乱軍を組織する。そして主に日本軍の部隊を奇襲するゲリラ戦を展開した。１９０８年には、咸鏡北道慶興まで兵を進めて革命軍と戦闘を繰り広げたが、これは１８９４年に父親と共に東学党の革命軍を討伐していた反動的な性向が繰り返されたものである。

当時安重根が身をおいていた朝鮮傀儡《かいらい》軍は沿海州一帯の１００名にも満たない小規模部隊で、１９０８年、咸鏡北道会寧の戦闘で日本軍に惨敗した後、跡形もなく解散してしまった。これは沿海州一帯に移住した朝鮮人が極悪非道の振る舞いを憚《はばか》らない守旧派を支持しなかったためだ。ゲリラ戦が失敗に終わると安重根は１９０９年3月、11人の過激分子を集め、断指同盟という秘密結社を組織したが、彼らは朝鮮に対する忠誠の証として指を詰めた。

同年10月、前統監・伊藤博文がロシア財務相ココーフツォフと会談するために、満州ハルビンに来ると聞いて彼を射殺することを決意、暴挙に出た。１９０９年10月26日、日本人に偽装してハルビン駅に潜入。伊藤博文が駅頭でロシア軍の閲兵を受けて歓迎の群衆の方へ向かう時、安重根は拳銃を発射し3発を命中させた。

〝標的〟の顔を知らなかった安重根は当初、汽車から降りた伊藤の随行員を撃ち、続いて伊藤本人に引き金を引いた。駅で銃声が響くと駅を警備していたロシア軍兵士と出迎えの群衆は一斉に銃声が起きた地点に集まった。安重根はその場でロシア軍に逮捕され、伊藤博文は間もなく息を引き取った。彼は自分を撃ったのは何者かと尋ねたが、朝鮮義烈団の安重根という答えを聞き、「馬鹿な奴だ」と大きくため息をついて息絶えたと伝えられている。

安重根の身柄を確保していたロシアはこの事件の政治的重要性を考慮し、直ちに犯人を日本総領事館に引き渡した。日本政府はすぐに安重根を旅順に移送し旅順監獄に収監した。

暗殺者の「人権」を最後まで尊重した日本

その年の秋に裁判が始まったが、安重根は自分が韓国義勇兵の参謀長であると主張し、日本と韓国は戦争中であるから自分は殺人を犯したのではなく韓国軍の将軍として戦争行為を遂行したのだと主張した。つまり大韓義勇軍司令官として、大韓帝国の独立主権を奪った元凶であり東洋平和の攪乱《かくらん》者である伊藤を銃殺したのだから、捕虜の扱いをして欲しいということである。韓国義勇兵参謀長だとか大韓義勇軍司令官だとかは自分でいい加減にデッチあげたに過ぎない肩書である。

彼は当時、朝鮮革命の急進展に不満を抱いた守旧派と党を作り、人民にとって〝生き地獄〟でしかなかった朝鮮王朝を再建することだけに尽力した。安重根は旅順の日本法廷で死刑宣告を受け、1910年3月26日処刑された。

もし相手が日本でなかったら、つまり朝鮮や清国あるいはロシアだったら、彼は簡単な手続きを経てただちに〝処分〟されていたのは明らかだが、安重根はそのことをわかっていたのか疑問だ。一国の一流の政治家を暗殺した犯人に合法的な手続きに従って起訴と弁論、最終陳述を経て判決を受けられるように配慮し、犯人の主張を十分に聞くような寛大な制度は、当時の世界各国の野蛮な政治形態を勘案するとき、非常に異例のものであったに違いない。

当初、旅順の担当検事はこのような安重根の主張を一部受け入れ、無期懲役を求刑しようとしたが、極刑を求刑せよという本国政府の訓令に従いやむなく死刑を求刑したという。ここまでくると、他の民族の立場を十分配慮する日本人の特性を考えてみても、行き過ぎた配慮ではないだろうかと思えてくるほどだ。

安重根は1910年2月、死刑執行日が近づくと、敬虔《けいけん》なキリスト教徒として朝鮮大教区のミューテル主教に最後の告解を頼んだ。しかしミューテル主教は安重根を激しく非難した。ミューテル主教は当時の日記に「キリスト教徒として殺人を犯した安重根の行為は如何なる理由があろうと許されないことである。伊藤公がこれまで朝鮮のために多くの業績を残したことについて、朝鮮人たちは彼を恩人と考えず単なる侵略の元凶としか考えないのは間違っている。朝鮮人たちが伊藤の死に歓呼するのは腹立たしい」と記している。ミューテル主教が遂にその申し出を拒否すると、安重根の洗礼を行なった朝鮮人神父が旅順に赴き安重根の最後の安息ミサを執り行なった。

このような凶悪犯・安重根に対する今日の韓国と日本の評価はどのようなものかと言えば、驚くことにほとんど一致している。安重根は朝鮮民族の英雄であり伊藤博文は侵略者だというのだ。

なぜ日本人は安重根を「仇」と考えないのか

韓国の町中では太極旗とともに安重根の拇印《ぼいん》を押し、大韓国人という揮毫《きごう》をつけた車両をよく目にするが、それほど安重根は愛国者として崇拝されている。現在の韓国が、朝鮮革命の完成であった日韓合邦を全面否定し、未開な朝鮮王朝の正統性を認めるよう全国民に対し反日洗脳教育を強要していることを考えるなら、これはそれほど異常な現象とは言えない。しかし、日本までもがこのような見方に同調しているのは理解できない。私は日本に来るまで、日本社会のこのような見方について知らなかった。韓国で私は以下のような文章を書いたことがある。

その後、安重根は旅順監獄で死刑に処せられたが、この事件によって伊藤博文は日本のために尽くした末に殉死した愛国者とされており、一方で安重根は韓国で代表的な愛国者として崇拝されている。未だに日本人にとって安重根は近代日本の父を殺害した仇として、韓国人にとって伊藤博文は朝鮮を侵略した仇と記憶されている事実は韓日関係の悲劇を端的に示す例と言えよう。

だがこれは私一人の錯覚に過ぎなかった。日本で安重根を〝近代日本の父を殺した仇〟と考える人を探すのは難しい。日本人は伊藤博文を〝日本の国父〟と考えないばかりか、安重根を日本の仇とも考えていないようだ。

さらには今日、日本の歴史を見直す運動の中心的存在である「新しい歴史教科書をつくる会」でも「安重根は韓国の英雄だ」「安重根を個人的に尊敬している」という発言が出ていることは、私にとって大変な衝撃だった。

当時の朝鮮人も称賛していた伊藤博文の「偉業」

近代日本の台頭は〝世界史の奇跡〟

伊藤博文は偉大な人物である。生まれながらの硬骨漢で壮健な身体を持っていたが、死亡時68歳であったから100年前の基準で見れば長寿の部類に入るだろう。そのため伊藤が死亡したというニュースが知らされると、乃木希典《まれすけ》陸軍大将は「実に死に場所を得た人だ」と羨ましがったという。近代日本のアジア解放戦争を指揮していた老革命家が満州で守旧反動の朝鮮人に殺害されたのだから、これは軍人が戦場で死んだのと同じで栄《は》えある死だという意味だ。

1841年、長州藩（山口県）に生まれた伊藤博文は、青年時代に幕府を打倒する革命戦争に加わり、数多くの死線を乗り越えてきた革命家であった。伊藤は、1863年、井上馨《かおる》と共に密かにイギリスに渡り、明治革命の旗印である尊王攘夷のうち攘夷路線を放棄することになった。愛国心に燃えていた大日本帝国の青年伊藤の目にはヨーロッパ人は単なる侵略者にしか映らなかったが、実際にヨーロッパを見て歩くと、ヨーロッパが近代文明の発祥地であり、産業革命の基地であるという事実を認識するようになったのである。その後、伊藤と井上は日本がヨーロッパにあまりに後れをとった現実を認め、謙虚に西欧の文物を受け入れ、富国強兵を成し遂げる路線へ転換した。

　伊藤と井上は当時西欧の文物を体系的に学んだ日本の新世代の代表的な人物である。革命に参加し封建体制を打倒した革命家たちが、先進国に留学し近代国家建設に欠かせない各種の知識を習得してきた。彼らの知識がそのまま新国家建設に反映できたのは、当時の日本がどれほど「祝福された国」であったかを教えてくれる。これらの過程はどれひとつをとっても容易でなく、他に類を見ないことであることから、近代日本の台頭は世界史において一つの奇跡だと讃えられている。

　新しい思想を身につけた青年集団はどんな国にも現われるものである。朝鮮では金玉《キムオッ》均《キュン》と朴泳孝《パクヨンホ》に代表される戦闘的な開化党があり、清国には李鴻章と袁世凱《えんせいがい》がいた。彼らはみな権力の中心にいたが、前述した日本の近代化への過程のうち、朝鮮の開化党は封建体制を打倒する第一段階から失敗してしまった。清国の新進勢力は、はなから革命を試みようと考えることもできず、情けないことに旧体制と妥協する道を選んでしまったのである。近代日本の建設において奇跡のような過程が順調に続いていったのは、やはり江戸幕府時代の封建制度と独自の発展を遂げた資本主義システムが礎となっているためだ。

ビスマルクが指揮したドイツの統一と富国強兵策が成功を収めたのは、19世紀初め、ナポレオン戦争の影響によってドイツで古い体制が破壊され、革命の気運が育ったためである。ナポレオンがいなかったらビスマルクもいなかったのだ。しかし、日本の場合は長きにわたる鎖国で、外部の革命が流入できなかったにもかかわらず、ドイツと同じ水準の富国強兵を達成したことは驚くべきことである。

伊藤博文はビスマルクよりさらに運がよかった。プロイセンの首相だったビスマルクは当時35の君主国と4つの自由都市に分裂していたゲルマン民族を統一するため、数多くの政治協商と戦争を繰り広げなければならなかった。オーストリアの妨害工作で大ゲルマン主義から小ゲルマン主義に後退した後にも、ビスマルクのドイツ連邦は、オーストリアとロシア、イタリア、フランスとイギリスの狭間にあって、数えられないほど多くの生存の危機に直面していた。

激動期に伊藤博文を得た日本の幸運

一方、日本ではそれほどの緊張関係はなかった。長い間幕府によって統一国家の形態を維持していたからだ。明治維新が成功した後にも、島国でありアジアの東のはずれであるという理由で、列強の妨害をほとんど受けず順調に新国家建設に成功した。

李鴻章とビスマルク、伊藤博文を比較してみるとき、中国の新進世代がなぜ西太后を抹殺して日本やドイツのように立憲君主制を打ち立てられなかったのかという疑問が生じるが、これはやはり中国に封建制度がなかったという事実に帰着する。すなわち、伊藤博文と李鴻章の違いが当時の日本と中国の違いを代弁してくれる。日本とドイツはよく似た過程を経て、立憲君主制の統一国家を建設して、富国強兵に成功した。ドイツ連邦の誕生はビスマルクのプロイセンが主導し、大日本帝国の誕生過程では伊藤も参加した薩長連合が主導した点でも共通項がある。

伊藤博文のような資質のある知識人革命家が成長していきながら、終始一貫して激変期の日本を率いたことは日本の幸運である。すなわち伊藤博文という人物は日本に与えられた天の贈り物のような存在であったと考えられる。

伊藤博文はもともと林利助という名の貧しい農民の息子であったが、下級武士である伊藤家の養子となり、武士の身分となった。青年期の伊藤博文は吉田松陰の松下村塾で学んだが、これが運命の出会いとなる。吉田松陰は外国での見聞はないが、日本の開化第一世代であり、明治維新の立役者を輩出したこの松下村塾から日本の近代は始まった。

朝鮮でも同じ時期、劉大致《ユデチ》という先覚者が現われ、両班であり王族でもある金玉均、朴泳孝らを教育し開化党を結成したが、劉大致―金玉均の関係は吉田松陰―伊藤博文の関係と驚くほど似ている。もし朝鮮で開化党が政権掌握に成功し、彼らが日本と協調し朝鮮革命を率いたなら、恐らく朝鮮は遅ればせながら日本と共にアジア解放の中心国家になれただろう。しかしそれが不可能だったのは偶然ではなく必然であった。なぜなら、アジアで日本だけがそのような迅速な革命を可能にする社会経済構造を持っていたからである。

伊藤博文はイギリスから帰った後、１８７０年には貨幣制度と銀行制度を調査するために米国に派遣された。伊藤博文の米国留学は政府官僚の身分で公的なものであり、彼が得てきた先進国の知識と資料は全てそのまま近代日本帝国の建設に活かされたのだから、朝鮮や清国から見ると非常に羨ましいことであったに違いない。

その後、伊藤博文が日本政界の第一人者として台頭したのは１８８０年代初めであった。当時日本は西郷隆盛が起こした西南の役が鎮圧された後、再び自由民権運動すなわち急進派の声が大きくなっていた。この時、政府内の急進派は何の準備もなく、すぐに１８８２年に憲法を制定し、１８８３年にイギリス式議会と政党を創設しようとしたが、これは民意に迎合した典型的な大衆追従主義であった。

これに反対する伊藤博文は政府内の同志を糾合《きゅうごう》し、北海道開拓に関連した不正スキャンダルを問題にして急進派を追い出し実権を掌握するようになる。伊藤博文の立場は、憲法制定と議会創設は国家の存亡に関わる重要な問題であり、各国の制度を研究し尽くしてから憲法制定、議会開設をすべきというものであった。

伊藤は先進国の憲法を調査するため、再びヨーロッパへ旅立ち研究に着手した。1885年、日本で初めて内閣が創設され、伊藤博文は初代内閣総理大臣に就任し、1889年日本最初の憲法草案を作成する（議会開設は1890年）。この時以来、近代日本は伊藤博文の指揮の下、日清戦争、日露戦争など国家の存亡がかかった戦争に勝利し、名実共に列強の隊列に加わることができたのだから、歴史家が伊藤博文を称して、世界に一歩を踏み出した日本そのものと評価したのも当然である。すなわち日本の奇跡は伊藤の指揮によって可能になったのであり、彼のように卓抜した政治家は恐らく東洋史上再び現われないだろう。

安重根が主張した「伊藤の罪状」は出鱈目

日本政界の実権を掌握した伊藤博文が日露戦争以降、朝鮮を統治したので朝鮮の政治と治安は安定し、行政、貨幣、教育の諸制度が迅速に整った。当時の朝鮮と満州は主のいない不毛の地で、清国とロシア、日本がこの地域を占有しようとしのぎを削っていた。2回の戦争で勝利した日本が朝鮮と満州を統治することは理にかなったことである。これについて清国の守旧派は伊藤博文がこの地域に対する侵略を先導したと主張しているが、あくまでもそれは彼らだけの考えに過ぎない。

守旧派の代表である安重根は伊藤博文を殺害した後、伊藤の罪状を次のように15項目主張している。

1 韓国の閔妃を殺害した罪
2 韓国皇帝を廃位させた罪
3 韓日保護協約(1905年)と第3次韓日協約(1907年)の締結を強要した罪
4 無辜《むこ》の韓国人を虐殺した罪
5 政権を強制的に奪った罪
6 鉄道、鉱山、山林、河川を奪った罪
7 第一銀行券を強制的に流通させた罪
8 軍隊を解散させた罪
9 教育を妨害した罪
10 韓国人の海外留学を禁止した罪

11　教科書を押収し燃やした罪
12　韓国人が日本人の保護を求めたと虚偽を世界に広めた罪
13　現在韓国と日本の間に争いが終わらず殺戮が止まないのに、何事もないかのように天皇を騙した罪
14　東洋平和を壊した罪
15　日本の天皇陛下の父・孝明天皇を殺した罪

少しでも歴史について知識のある人ならば、このような安重根の主張がどれほど出鱈目《でたらめ》で、牽強付会《けんきょうふかい》かを理解できるだろう。特に貨幣使用と教育政策は伊藤博文が朝鮮統監として在職していた3年間の代表的な功績だったのに、安重根はこれを罪だと主張しているのだから呆れる。

経済について知識を持ち合わせない朝鮮王室と官僚たちには現代的な貨幣政策という概念自体がなかったために、数百年間、銅銭だけが流通してきた。さらに通貨が不足するたびに朝鮮政府では当五銭（常平通宝5個に該当する額面価値を持った当銭）、当百銭などを発行しインフレを招いた。この銅銭は実際通用する価値と額面価値が違い混乱をきたした。また銅銭は保管と運搬に不便だったが、近代的な中央銀行と貨幣政策がなかった朝鮮

は紙幣を導入する術がなかったのである。

伊藤博文の在任中、日本の第一銀行券を朝鮮でも使用できるようにしたことで、朝鮮の貨幣が日本の貨幣制度に連結されることとなったが、これは朝鮮経済を安定させるために不可避な措置だった。

それ以外の、閔妃を殺害した、政権を奪った、無辜の良民を虐殺したなどの罪状は伊藤博文に濡れ衣を着せたものだ。伊藤博文が天皇を騙したり、天皇の父を殺したという主張も事実に反するのだが、まるで安重根自身が日本国民であるかのように日本の心配をしているのだから可笑《おか》しい。

安重根の主張は一貫性がなく事実誤認に基づき、韓国人なのか日本人なのか立場が定まらず、彼がどれほど無知かがわかる。これらの主張を見れば、安重根は彼の個人的な不満を全て伊藤博文のせいにして彼を殺すことで恨みを晴らしたのである。

朝鮮で人気者だった伊藤博文

強引な主張と理由のない怨恨によって、東洋が生んだ偉大な政治家を殺害した守旧反動主義者を、韓国ではまたといない愛国者や偉人であるかのように教えているのだから寒心に堪えない。将来いつか、韓国人が歴史について正しい見方を持つようになったら、伊藤博文は朝鮮と日本を通じ近代化の父として称賛を受けるようになるだろう。そして安重根の行為はつまらない守旧民族主義として非難を受けるようになるだろう。

これまで韓国人は、伊藤博文は朝鮮を侵略した悪の象徴、安重根は正義の象徴と教え込まれてきた。日本では伊藤に関する伝記、評伝、小説などが数十種出版されているのに、韓国では彼に関する専門家が一人もおらず、単行本一冊なかったということは、韓国社会の歴史認識がどれほど浅薄であるかを証明している。それに対し、安重根に関しては日本でも多くの研究がされており、日本のカトリック教徒は安重根に関する研究会を組織して活動している。

2000年に韓国では初めて伊藤博文の評伝が翻訳、出版された（『伊藤博文』図書出版・中心）。この本には伊藤博文が朝鮮統監から退いた後にも、彼は韓国皇太子である英親王（李垠）の太師（皇太子の教育係）であった事実が記録されている。ちなみに少師（太師より下の位）は総理大臣であった李完用であった。また伊藤が安重根に殺害された後、朝鮮8道（全国の京畿、忠清、全羅、慶尚、黄海、平安、咸鏡、江原の8行政地域）の儒林（儒学者）の代表が一堂に会し、伊藤の治績を讃える集会を開き、銅像を建立した。そして各道別に謝罪団を結成して鞭を持って日本へ渡り、鞭で打たれることを自ら望んだという。韓国皇室は伊藤博文が死亡した後、文忠公という諡《おくりな》を贈り彼を追慕したという事実にも言及している。

それと同時に、当時、カトリック教朝鮮大教区のミューテル主教が日記で伊藤博文の治績を称賛しながら、最後に安重根の「告白」、「病者の塗油」、「許しの秘跡」（いずれもキリスト教の儀式）を拒否した事実から、私たちは当時の朝鮮人の伊藤博文に対する感情が、今日のものとは大きく異なることを推し量れるのである。

実際、日露戦争後、伊藤博文が朝鮮を訪問したとき、朝鮮では全ての政治家と官僚が歓迎団を作り仁川港まで出迎えに行った。仁川から京城までの沿道では多くの朝鮮人が日章旗をふって伊藤博文を歓迎した。それほど彼は朝鮮でも人気のある政治家であったのだ。

２００１年韓国のある新聞で、日本の高校生が伊藤博文について知っているかどうかを東京で街頭調査した記事が載った。記者の質問に対し彼らが、「伊藤博文って誰？　聞いたことある？」「どこかで聞いた気がするけど、天皇じゃなかったっけ？」と答えたという内容だった。

近代日本の最も重要な時期を導いた偉大な指導者を日本国民が知らないということは、その教育の内容が間違っているという証拠ではないか。日本人も自国の歴史について自負心を持って教育する必要がある。日本の認識が正されてこそ韓国の認識も正されることが可能になるからだ。

第二章　北朝鮮への処方箋

事実上の拉致被害者9万人を見捨てるのか

強盗に入られた隣家を助けないのか

国家というものは今も大きな影響力を持つ実体だ。例えば隣国で独裁者が無辜《むこ》の市民を死なせて絶対的な権力を維持していても、そのような問題に簡単に干渉することはできない。内政干渉だと非難されるからだ。

一例を挙げると過去の韓国が長く軍事独裁に呻吟《しんぎん》していた時、米国と日本は韓国の民主化のために努力することをせず、それどころか独裁政権を支援した。これは韓国で反米感情と反日感情の一原因になった。ある国の隣国が凶暴な独裁政権に掌握されている事態は、隣家に強盗が入ったようなもので、その時に助けなければ後で恨みを買うことになる。

2001年、米国がイスラム原理主義勢力のテロ攻撃を受けた後、米国はその報復としてアフガニスタンに侵攻した。戦争は誰もが予想したように、米国の一方的な勝利に終わり、アフガニスタンの支配者タリバンは壊滅、あるいは海外に逃亡しなければならなかった。

タリバンから見ればこの出来事は異民族による侵略であるが、第三者から見るとアフガニスタンが米国によって解放されたと考えることもできる。

アフガニスタンの支配者タリバンはイスラム原理主義集団であり、イスラム教の戒律に従ってアフガニスタンを統治してきた。タリバンは1996年に政権の座に就いてから、バーミヤンにあった世界遺産級の仏像を破壊し世界各国の非難を浴びた。

西欧の文物の汚染を防ぐという理由で、映画上映、サッカーをはじめとしたスポーツさえ禁止してしまった。女性は外出する時、目以外は隠して歩かねばならず、教育を受けることも職に就くことも全面的に禁じられた。

おそらくタリバンのイスラム原理主義者にとって、人間とは一年中ひたすらアラーの神に祈りを捧げ、コーランを読みながら敬虔《けいけん》な気持ちを持ち続けなくてはならない存在だと考えていたのだろう。つまりアフガニスタンのイスラム原理主義者は国家全体を修道院にしてしまったのだ。彼らはイスラムの戒律に従って人々を裁き、監禁し、時には殺した。

米国がタリバンを追い出した後、アフガニスタンの市民は久しぶりの文明を享受している。治安の回復にはまだ時間が必要だが、女性は次第に顔や手足を出す思い切った服装をし、人々は集まってサッカーをしたり映画を観たりしている。

暫定政府が樹立される中で民主的な政治体制が移植され、各国から救援物資が到着し荒廃した国土を再建する作業が始まった。これは文明の解放である。遥か彼方から来た軍隊によって一国家の住民が解放されたのである。

これはイラクの現状にも当てはまる。TVカメラの前でイラク国民は「戦争が始まればフセインを守るために喜んで死ぬ」と拳を振り上げていたが、実際に戦闘が始まるとその多くが逃げ出し、首都バグダッドからはイラク兵の姿が消えた。機を見るのにさとい人はフセイン以後の新しいイラクで出世し、あるいは大きな利益を得るために奔走している。

時が流れてアフガニスタンとイラクの人々は米国を攻撃したアルカイダとオサマ・ビンラディンに感謝するかも知れない。彼らが米国を攻撃しなかったなら戦争も起こらず、両国の人民は永遠にタリバンとフセイン政権の圧制に苦しまなければならなかったのだから。

隣国の〝危険〟にようやく気づいた日本人

2002年の日朝首脳会談以降、日本のマスコミは北朝鮮に関するニュースをしきりに報道している。とりわけ注目は、帰国した日本人拉致被害者5名と北朝鮮に残るその家族、それと核開発・保有問題に集まっている。日本人は最近になってやっと自分たちがどれほど恐ろしい国家と向き合っているかを悟ったかのようだ。北朝鮮の工作員たちは日本海を渡り、日本の領土を自分の家のように行ったり来たりして日本人を拉致していった。

韓国は朝鮮戦争後、北朝鮮の工作員を遮断するため、全ての海岸線に軍隊を配置したが、それでも北朝鮮の特殊工作員は自由に韓国に入り、人間と物資とカネを積んでこっそり出て行った。

時折北朝鮮の工作員が逮捕されたり工作船が見つかるのは、大抵が彼らの機械の故障か失敗によるもので、韓国側の警戒網が優れているからではなかった。北朝鮮から見ると、韓国に派遣した工作員が潜入の途中で見つかるのは1％にも満たない、運の悪い事故だったろう。

このように軍隊60万人と武装警察20万人、予備軍400万人が厳重な警戒をする韓国にも自由に出入りしていた北朝鮮工作員である。日本に対しては観光気分で往来していただろう。

北朝鮮の首領はいうまでもなく金正日《キムジョンイル》である。主体思想という宗教を信じる2000万人の北朝鮮人民は、首領ひとりだけを信頼し首領のためだけに生きるように洗脳されている。しかし金正日はどうしても「首領」という特別な呼称を使えずにいる。これは彼の父金日成のカリスマ性があまりにも強く残っているためだ。

いずれにせよ事実上の首領である金正日だが、そうした理由で単に国防委員長と呼ばれている。金日成の死後、北朝鮮政府は朝鮮半島に暮らす人々を「金日成民族」だと呼んでいるが、これも呆れた話である。

金正日は２００２年９月17日、小泉純一郎首相と会談した席で、日本人13人を拉致しそのうち５人が生存していると認めた。このように拉致を認めたのは北朝鮮政府が日本と早く国交正常化し、日本の援助で経済を立て直したいがためであることは周知の通りである。数百億ドル規模の経済協力が受けられれば、この先金正日政権は数十年生きながらえるだろう。

彼はおそらくこのように「大胆に」過去の過ちを認めることで交渉を早く進展させようとしたのだが、予想に反して両国関係はこじれている。北朝鮮内部では、今回拉致を認め謝罪したことを戦略的な失敗と判断し後悔しているかもしれない。

しかし、拉致された日本人は果たして13人だけなのか。今では数百人に及ぶ日本人が拉致されているとも報じられている。拉致被害者はある日突然日本で行方不明になったのだが、彼らが家出したのか、誘拐されたのか、北朝鮮工作員に拉致されたのかわからない。

金正日は政権維持のために1990年代から「核とミサイル」というとっておきのカードを使ってきた。北朝鮮と米国が交渉をする時、韓国と日本は北朝鮮の人質同様の立場に立たされている。

北朝鮮は休戦ラインにそって1万余りの大砲と200㎜多連装ロケット発射装置を配置しているが、その気になればこれでソウルを灰燼《かいじん》に帰すことができる。ソウルくらいは大砲の射程距離に入っているのだ。数百万発の砲弾が飛んでくるのを同時に全て迎撃する術はない。また日本全域は北朝鮮のノドンミサイルとテポドンミサイルの射程距離内に入っている。弾頭に核か細菌兵器、化学兵器を装着し発射した場合、膨大な数の日本人が死亡するだろう。

国民が拉致されるのをいつまで黙認するのか

米国は久しく前から日本列島に対するミサイル防衛（MD）システムの必要性を説いてきたが、弾道ミサイルを迎撃できる可能性は今までほとんどなかったし、これからも同様である。特にICBM（大陸間弾道ミサイル）は、ミサイルが大気圏外に出て複数の弾頭に分離した後、大気圏に再進入するが、これを迎撃することが現在の技術では不可能であることがわかっている。音速の10倍の速度で落下する核弾頭は、どんなミサイルや戦闘機より速く、これに命中させることは奇跡に近い。

１９９８年、北朝鮮の新型テポドンミサイルが日本を越え太平洋・三陸沖に落下して日本中が大騒ぎになったが、この事件は北朝鮮のミサイルに対する日本人の恐怖を象徴している。

北朝鮮が韓国や日本を攻撃するのは自殺行為に他ならない。攻撃初期には被害を与えることができるだろうが、今の北朝鮮の軍事力で韓国や日本に全面戦争を仕掛け勝利することはできない。特に１９９０年代以降、北朝鮮の軍事力は経済難によってほとんど壊滅状態にある。しかし、「北朝鮮が自暴自棄になり、自殺覚悟で戦えば莫大な被害を受ける」ということだけで、日本人は北朝鮮を大きな脅威とみている。

隣国の特殊工作員が、自分の家の部屋に入るようにやって来て、数十名から数百名の国民を拉致していても何の対応もできない国、それが今日の日本である。ある人は戦争をしてでも救い出さなくてはならないと言うが、日本がそうできないことは誰もがよく知っている。終戦記念日になると首相が毎年不戦を誓うのが日本だ。誰がさせるでもないのに、なぜそんな誓いをくり返しているのか、第三者の目には奇妙に映る。

９万人の人質を利用した北朝鮮

ところで拉致事件には非常に重要なアイデンティティーの問題が内在している。日本政府が保護しようとする「日本人」の範囲が一体どこまでなのかということだ。

日本政府は1959年8月13日、北朝鮮政府と「在日朝鮮人帰還協定」に調印した。インドのカルカッタで結ばれたこの協定によって、北朝鮮は朝鮮総聯（在日本朝鮮人総聯合会）を通じ1959年から1984年の間、187回にわたり、総数9万3342人の在日朝鮮人を北朝鮮に帰還させた。彼らは1910年の日本による韓国併合以来、久しく朝鮮出身日本人として生きてきて、居住地を済州島や朝鮮半島から日本列島に移したに過ぎない。何の問題もなく日本人として生きてきた彼らが敗戦後、朝鮮半島が日本から独立したという理由で国籍を喪失し、ある日突然日本居住の「外国人」となったのである。もちろん外国人となったのは彼らの選択の結果だが、強要された一面も否定できない。

朝鮮戦争直後の北朝鮮は労働力が不足していた。戦争中、北朝鮮から撤退する国連軍とともに500万人の人民が韓国へ移住したためだ。だから北朝鮮は朝鮮総聯に所属する朝鮮人を北朝鮮に帰還させようとした。そのため帰還者の生活を最大限保証するという立場を国内外に表明している。

ちょうどその頃、日本政府も人口増加を抑えるため苦心しており、利害が一致した両国の交渉は急進展を見せた。

またこの背景には韓国と日本の微妙な関係もあっただろう。韓国と日本は１９１０年以来一つの国として生きてきたが、日本が敗戦国となるや韓国は日本にまるで仇のような態度をとった。70万人の在朝鮮日本人を殺したり追放した後、あらゆる財産を強奪している。だから、北送事業にはこのような反日韓国に対する報復としての性格も含んでいたと言えるだろう。この動きに対し韓国では「在日朝鮮人北送反対」デモが相次ぎ、外交活動も活発化したが、結局北送事業は続けられた。

〝人民の楽園〟で幸福に暮らしていけると喧伝した朝鮮総聯に騙され、在日朝鮮人は競って北朝鮮へ移住した。しかし騙されたと悟っても、二度と日本へ戻ることはできなかった。

その中には朝鮮人と結婚した、いわゆる「日本人妻」１８００人も含まれているが、その後の日本政府の強い要請にもかかわらず、１９９７年に15人、１９９８年に12人が故郷訪問しただけである。彼らも結局再び家族のいる北朝鮮へ帰るほかなかった。

こうした９万３３４２人も事実上の拉致被害者であることを見逃してはいけない。入るのは自由だが、戻ることができないのだから拉致のようなものではないか。

北朝鮮は９万余の人質を利用して、日本から莫大なカネを巻き上げることができた。北朝鮮に渡った人々は北朝鮮政府から絶えず親戚や友人、家族に手紙を書くように強いられ、物乞いをさせられた。そして送金されたカネは全て北朝鮮政府に没収され「党と人民のため」に使われた。とんでもないことだ。子供たちを捕まえて手足をへし折って不具にして「エンボリ（乞食）」業をさせるゴロツキと大差ないではないか。

今日、日本人は彼らを忘れてしまっている。一体どこまでが拉致された日本人なのか。日本人として生まれたが、故郷が日本から分断されてしまったという理由で、ある日突然外国人になった人々は日本人なのか、外国人なのか。故郷が日本から分断されてしまったという理由で、ある日突然外国人になった人と結婚した日本人は果たして日本人なのか、外国人なのか。日本人は今話題になっている拉致事件を契機にこのような問題に悩まなければならない。

「日本は分断された」という発想が必要だ

2001年に『親日派のための弁明』を執筆中、資料を集める過程で面白いウェブサイトを見つけた。タイトルは「取り戻されるべき日本の領土」。地図に記された朝鮮半島、台湾、樺太、千島列島、南洋諸島（マリアナ・カロリン・パラオ諸島など）が赤い色で塗りつぶされていた。

その地域は大正時代の日本の領土を示している。樺太から赤道に広がる大日本帝国の姿であった。この地域は昭和期の戦争とは無関係であり、太平洋戦争以前に日本が世界各国の承認を得た上で正式に取得し、莫大な資金と人的資源を投入して開発した領土である。自国の植民地は温存しながら、一度の戦争に負けたという理由で日本の領土を根こそぎ奪った連合国の仕打ちは不当である。日本は決してこのようなことを認めるべきでない。

１９７２年に米国から沖縄を取り返したように、日本は残りの領土も再び回復しなければならない。あるいはこれらの地域を日本の行政区域に編入する――。一外国人として日本にそのような発想が生まれなかったことが不思議である。それほどまでに日本人の自虐意識が根深いともいえる。

そうやって「分断国家・日本」というアイデンティティーを形成する。日本が自ら分断国家であることを宣言することは、戦後、連合国によって注入された敗戦国のアイデンティティーを抜け出る第一歩だ。これは敗戦のコンプレックスから抜け出る方法であり、目標を失った自虐の国日本から、堂々と人類の文明を先導する大国日本へ生まれ変わる道である。

このような視点から眺めれば、今日の日本が竹島や尖閣諸島、北方領土を巡って周辺国と領土紛争を繰り広げていることがつまらなく感じられる。そして分断を自覚し、克服する時、久しく日本を抑圧してきた敗戦の傷も癒えるだろう。

「戦争狂」ブッシュに便乗せよ

金正日政権を安楽死させるのは「人道的行為」

日本は全てのアジア国家と安定した関係を築いているが、唯一隣り合った北朝鮮とは国交未修交の関係にあり、侵入してきて自国民を拉致したり、ミサイルや核開発で威嚇したり、数千に及ぶ日本人が帰国できずにいるなど、日本にとって安全保障面で直接かつ明白な脅威となっている。だから独裁政権の人質となっている北朝鮮住民を救うことは、日本や韓国の立場としては単に外国に干渉するということではない。このような問題を解決するためには、ある程度の犠牲も甘受するという覚悟が必要である。

北朝鮮を「処理」する問題ではふたつの倫理的考慮が必要である。ひとつは安楽死の問題、つまり回復の見込みがない状態で苦痛ばかりがひどくなっている患者を殺害する行為が倫理的に正しいかということだ。いまや北朝鮮の体制はこれ以上持ちこたえられない状態に到っている。数十万人の住民が国境を越え中国やロシア、韓国に脱出しているが、これは北朝鮮という国家の崩壊が始まった証である。彼らが脱出するのは、そこでは食べていけないためであり、体制を嫌ったためでもある。つまり経済・政治的な動機を併せ持っている典型的な難民とみることができる。

中国が正常な国家ならば国境地帯に難民村を作り北朝鮮から逃げてきた民を収容すべきだろうが、中国は金正日政権の存続を支援している。中国は米国の最前線基地である韓国が北朝鮮地域まで拡張されて国境を接するようになる事態を望んでいない。それは事実上、米国と対峙することであるから、北朝鮮を維持することによって軍事的な緩衝地帯に利用しようというのだ。中国が支えていなければ、北朝鮮体制は東ドイツのような運命を辿ってとうの昔に崩壊していただろう。だから金正日政権を強制的に崩壊させる行為は、殺人とは違う道徳的な意味をもつ行為である。生きているものを殺すのではなく、事実上死んでいる政権の息の根を止めるのだから人道的な行為だということだ。

ふたつめは、隣家の「虫の湧く水たまり」という問題だ。隣家から飛んでくるハエや蚊によって正常な生活ができなくなったと考えてみよう。このような場合、隣の家に入り込んで腐った水たまりを取り除くことは正当な行為であろうか。このような問題は、害虫による被害がどの程度深刻かによってその正当性が決定されるが、北朝鮮が原因の被害を韓国と日本が今まさに経験している。

ただ実際には、忘れてしまおうと努力しているようにも見える。若い世代は統一を望んでおらず、「我々の願いは統一」という歌はいまや単なるスローガンに過ぎない。生活が豊かになって隣人の苦痛を無視する態度は日本も韓国も同じだが、韓国は少なくとも国境を接して同じ言語を使う点で、また１０００万の離散家族がいるという点で北朝鮮とは運命的に一つに結ばれていると言える。だからいくら韓国人が北朝鮮と一緒になりたくないと思っても、この問題は避けて通れないことは明らかである。

北朝鮮の餓死はヒットラーの人種抹殺に匹敵する

２００２年11月16日から４泊５日で北朝鮮を訪問した国連世界食糧計画のジェームズ・モリス事務局長は「現在北朝鮮の住民６４０万人が飢えている」と発表した。「北朝鮮に食糧を送れ」ということだ。彼は翌日に日本を訪れ、同様の内容の記者会見をして食糧支援を要請したが日本政府はつれなく断わった。北朝鮮では１９９０年代中頃、食糧不足で多くの人々が餓死した。わずか数年で百万人単位の人民が死んだともいわれている。この時期、北朝鮮を旅行した中国人の証言の中には、生きている人を捕まえて食べることも公然と起きていたというものまであった。文字通り「生き地獄」があったことになる。

もちろん、このような飢餓状態はアフリカにもある。それなら北朝鮮とアフリカは同じなのか？　私はアフリカの飢餓国に食糧と医療支援をすることについて懐疑的だ。体系的な統治がなく、人道主義という名の下に食糧と医療サービスだけを提供したなら、アフリカの人口は果てしなく増え続けるだろう。現在アフリカの飢餓は人口を一定水準に維持しながら、生態系を保全する役割を結果的に果たしている。北朝鮮の場合はこれとは違い、周辺国である韓国と日本は富裕な資本主義国家として2000万の北朝鮮住民に食糧程度は十分に提供できる力があり、またそうする意志も持っている。

北朝鮮に経済支援を提供することは、即ち不道徳で暴力的な独裁政権を延命させることになるため、周辺国は北朝鮮支援に対し慎重である。韓国の憲法には、北朝鮮住民は大韓民国の国籍を持つと明記されているから、独裁政権が崩壊さえすればいつでも韓国に入国することができ、少なくとも飢え死ぬ心配はなくなる。このような望ましい変化を現在の北朝鮮の政権は妨げている。つまり政権維持のため、住民を大量に餓死させているわけだが、これはヒットラーの人種抹殺に匹敵する大きな犯罪行為である。

このような体制が存在していてはならないことには誰もが同意するだろうが、相手が武力を持っているから誰も進み出ようとはしない。

「猫の首に鈴をつける」——猫によって安全が脅かされ悩まされたネズミたちはある日、

対策会議を開いた。誰かが猫の首に鈴をつければ、猫が近づいたら逃げられてよいというアイディアを出すと、皆すばらしいアイディアだと喜んだが、いざそれを実行するネズミを選ぼうとすると誰も出ようとはしなかった――のと全く同じだ。

北朝鮮は日本と韓国にとって猫のような存在なのか。そうでもあり、そうでもないようだ。誰も名乗りを上げないほど恐ろしい存在であるという点では猫だが、実は闘いたくないだけのことで、日本と韓国の軍事力の方がはるかに強大である点で猫とはいえない。日本のように富強な国が「自分は闘うのがいやだ！」と言って、北朝鮮にいつもいいようにやられているのはどう考えても異常だ。

「戦争狂」ブッシュに訪れた幸運

ジョージ・ブッシュが米国大統領になったとき、私は今後、世界に禍《わざわい》が振りまかれるだろうと感じた。ブッシュを一言で表わすなら「無知な戦争狂」で、彼は就任以来、数々の異常な政策を乱発してきた。ブッシュは自分の資金源である軍産複合体のためにミサイル防衛（ＭＤ）システムにカネを注ぎ込む一方で、米国の利益のために「京都議定書」（地球温暖化防止のための温室効果ガス排出規制）を破棄するなど狂ったマネを露骨に続けている。彼は合衆国大統領ではなく白人資本家と軍産複合体のロビイストのように行動しているが、問題は誰も制御できないところにある。彼は米国のマスコミによって歴史上最も無知な大統領との評価（語彙《ごい》数が歴代大統領で最も少ないことなどがその証拠として挙げられている）を受けている。

韓国に「泣きたいところで頰をはたかれる」という諺がある。みっともないことをしなければならない状況でちょうど誰かが名分を提供してくれたということだ。ブッシュにも2001年こんな幸運が巡ってきた。何もなくとも戦争をしなければならないところだったが、ちょうどあの9月11日、大規模なテロ攻撃を受けたのだ。まったく世の中はわからない。刃物を使うやくざが寿司職人に採用された如く、ブッシュは米国がテロを受けたお陰で今まで自分が望んでいた戦争ごっこを思い切りできるようになったのである。ブッシュを気にくわないと言っていた筆者さえも、「戦争狂」ブッシュによってアフガニスタンが解放されてから彼を再評価するようになった。時々ミスター・ブッシュが立派な人物にさえ見えるのだが、自分は狂ったのだろうか？

今、ミスター・ブッシュはイラク戦後統治で苦労しているが、イラクの次はやはり北朝鮮だろう。北朝鮮もそのような状況がわかっているために、日本と国交正常化し、韓国とうまくやりながらブッシュの歓心を買おうと努めている。9・11テロ以降、ブッシュがイラン、イラク、北朝鮮を「悪の枢軸」と名指ししたことは国家間で善悪を論じるという点で稀代の妄言だ。しかし北朝鮮を処理しなければならない我々の立場としては喜んで受け取るべきかもしれない。

北朝鮮に対する軍事作戦を考えるとき、最も問題となるのが核兵器である。彼らは１９９４年以来、核カードを使って政権維持を図っているが、実際には核兵器を保有していない可能性も高い。イラク戦争後、北朝鮮は核兵器保有の可能性に言及したが、国際原子力機関（ＩＡＥＡ）などでも、北朝鮮が過去に黒鉛減速型原子炉で20kg程度のプルトニウムを抽出したと推定している。これは２つか３つのプルトニウム型原子爆弾を製造できる量である。米国は第2次世界大戦末期、日本に２つの原子爆弾を投下したが、広島に投下されたものはウラン２３５を使用し、長崎に投下されたものがプルトニウム２３９を使用した新型原子爆弾であった。ウラン原子爆弾を作るためには精製された高濃縮ウラン２３５が20kg必要であるが、プルトニウムを使えばたった7kgで原子爆弾を製造できるため、原子爆弾と言えばプルトニウムタイプを指すようになった。

プルトニウムタイプの核兵器は、ウラン型原子爆弾と比べて製造過程が多少複雑であることが知られている。その上、世界各国には地震計がくまなく設置されているから、地下であろうとどこかで核実験が行なわれればすぐにわかってしまう。今まで北朝鮮で核実験を実施したことはないので、これは核爆弾を開発できなかったという意味にも受け取れる。北朝鮮は製造したが実験していない、つまり実際には爆発しないかもしれない核兵器を2つ保有した可能性はあるが、作動するか疑わしい爆弾を使う馬鹿もいないだろう。

日本は米国の武力行使に備えよ

核兵器を使用するためにはミサイルに搭載できるようにしなければならないが、北朝鮮のミサイル技術はかなり発達しており第三国にも輸出している。実際イラクも北朝鮮のミサイルを保有していた。最悪の場合として、北朝鮮が原子爆弾3個をテポドンミサイルに搭載し、東京やソウルに発射するケースを想定できるが、これが万一大気圏を完全に通り抜け再び突入するICBMなら、迎撃は困難を極めるため相当な脅威になる。しかしICBMを作ることは、惑星間ロケットを作るのと同じくらい難しい。ロケット開発は莫大な費用と時間がかかり、試行錯誤を経なければならない。北朝鮮はこのような技術は開発できないだろう。ICBMでなければ、日本を狙う北朝鮮のミサイルは米国製パトリオットPAC3か戦闘機、イージス艦で十分に迎撃できる。

しかし最も重要な事実は、たとえ持っていると表明したところで、北朝鮮の核兵器が戦争に勝利する決定的兵器とはならないということだ。日本が北朝鮮から核ミサイル攻撃を受けた場合、米国からの報復ミサイルが北朝鮮の上に降り注ぐ。つまり北朝鮮が核兵器数発を持って、日本全体を占領しない限り、つまり単に腹立ちまぎれに攻撃したらすぐさま数十発の報復を受けることになると考えるだろう。従って常識ある軍事指導者ならばそのようなカードを切ることは考えられない。

そもそも対テロ戦争という名の〝解放戦争〟を始めたブッシュ政権が、北朝鮮を今の状態のまま放置しておくことは考えにくい。核兵器製造に近づきつつあり、ＩＣＢＭに近いミサイルを開発し、米国が敵対する国々に輸出している北朝鮮は、当然米国の立場からすればアフガニスタンやイラクよりずっと危険な存在である。また米国は、このような北朝鮮の核の脅威によって、日本と韓国が核武装をするようになる状況を憂えている。

私は北朝鮮が東ヨーロッパやソ連、中国のように開放と市場経済に軟着陸することになると見ている。しかし少しでも開放されればたちまち体制が崩壊し、韓国に吸収されることが明らかであるから金正日は悩んでいるだろう。このような状況で来年、北朝鮮が米国の３番目の標的になれば、次の事態の予測は難しくなる。

従って、日本と韓国は北朝鮮問題についてブッシュ政権の強硬路線に便乗しながら、状況をみて北朝鮮問題を完全に解決しようという確固たる意志を持たなければならない。北朝鮮と米国の戦争を怯えながら待つのではなく、チャンスと認識して備えなければならないのである。

解放戦争最大の障害は日本人の「戦争忌避症」

来日して一番驚いた「北朝鮮シンドローム」

私は2002年8月に生まれて初めて日本を訪問した。その翌月17日に、日朝首脳会談が行なわれ、その結果、日本では拉致被害者を巡る問題が大きくクローズアップされた。日本のテレビ局は連日、北朝鮮特集を放送していたが、それはとても興味深い現象だった。日本はいつからこんなに北朝鮮に高い関心を持つようになったのだろうか、日本人の友人に尋ねると、これまでなかった現象だという。

当時、私はこの騒動はすぐに収まるだろうと思った。日本人10数人が北朝鮮工作員によって拉致されたことは、数千人が拉致された韓国と比較してそんなに大きな事件ではないと思えたからだ。韓国では離散家族だけでも数万人に達する上、拉致か自発的なものか判断しにくい例が多いためである。

ところが2003年5月に再び日本を訪れたところ、北朝鮮騒動はまだ続いていた。9か月が経つにもかかわらずだ！　ほとんど毎日、北朝鮮特集が続いている現状は、「シンドローム」と呼ぶに値する。まるで日本の近くに北朝鮮という変な国が突然現われたようである。

しかし、北朝鮮は朝鮮民主主義人民共和国という名前で55年間ずっとそこに存在していた。体制が急に変わったのではなく、拉致も今さらのことではない。だから韓国人の目には北朝鮮の拉致活動よりも、むしろ日本の騒動の方が不思議で興味深い観察対象に映る。

どうして「今さら」というのかと言えば、私は以前から9万余の在日朝鮮人と日本人妻が、北朝鮮に拉致されているという事実を知っているからだ。このことはこの章の初めでも言及したが、日本で暮らしていた9万3342人の人々は、1959年から1984年までの間に北朝鮮に渡り、それっきりほとんどの人が帰って来ていない。ごく一部の人間が故郷訪問しただけである。ところが13人の拉致被害者に対してはこの大騒動である。9万3342人の多くが在日朝鮮人で、しかも自ら進んで渡航したのだから拉致ではないというのだろうか。

そう考えているとしたら、とんでもない話だ。よく考えてみて欲しい。強制的に連れ去られた日本人とその家族が拉致の被害者であることは疑いようのない事実だが、北送事業で北朝鮮に送られた人々も、そこから出ることが許されない監禁同様の生活を強いられている点で拉致同様の境遇に置かれている。もちろん「北朝鮮入り」は本人の意思だが、朝鮮総聯のみならず朝日新聞なども北朝鮮を「地上の楽園」と喧伝して送り出した当時の状況を思えば、メディアぐるみの拉致といっても過言ではない。

そして北朝鮮は、彼らを帰さないばかりか、彼らを人質として日本に残った家族たちからおびただしい金品を巻き上げてきた。犠牲者の規模と年月、さらに依然として省みられない現状こそ痛ましい。

一方で、日朝首脳会談によって日本人が隣国に関心を持つようになったことを素直に喜びたいが、首脳会談直前に盛り上がった雪解けムードは停滞し、一触即発の緊張状態へと向かっている。当時は北朝鮮に提供されるであろう経済支援の具体的内容まで挙がっていた。しかし拉致問題によって日本の世論の風向きが一変し、正常化交渉は一歩も先に進んでいない。その後、第2次核開発危機が勃発し、北朝鮮問題は国際的懸案になっている。

北朝鮮問題の解決法は、理屈としては簡単だ。金正日総書記が望む体制保障と経済協力を与えることで、核・ミサイルの開発・保持を永久にあきらめさせるというものだ。体制保障自体は自主権を持つ世界のあらゆる国家が最優先で追求する目標であるから、こうしたことを要求事項として交渉をすること自体がおかしな話でもある。北朝鮮がこんな交渉を始めるようになった理由は、(北朝鮮の体制に問題があることは言うまでもないが)米国のブッシュ政権が自分たちを攻撃すると思っているからだ。そしてイラクのフセイン政権が戦争を通じて崩壊するのを目撃した今、金正日政権はほとんどパニック状態に陥っている。

北朝鮮を軍事力で解放することは直接的な利害関係を持つ韓国や日本が選択しうる路線であるが、この両国はあまりにも平和に慣れすぎているため、事実上、そうした発想を持ち得なかった。米国の軍事力を伴う威嚇・示威行動が今日の北朝鮮核危機と深く結びついている。そのため米国が「北朝鮮を先制攻撃しない」という約束をしてやれば、核開発・保有危機は簡単に解消される。したがって、この問題の本質は北朝鮮や韓国、日本にではなく米国にあるということもできる。

韓国と日本を〝人質〟にとっている北朝鮮

北朝鮮は現在、2つのカードを持っている。一枚ははったりのカードで、もう一枚は切り札だ。はったりのカードは核とミサイルである。北朝鮮は米国から攻撃を受けた場合、これで米国本土を攻撃すると脅している。

しかし、北朝鮮の「恐喝」は北朝鮮の脅威を誇張して戦争の口実にしようとする米国国内の強硬派たちを後押ししている。

次に、北朝鮮の切り札は何か。これは有事の際、韓国と日本を攻撃して莫大な人命被害を与えることができるという「人質カード」だ。北朝鮮が日本本土に到達する100基以上のノドンミサイルを保有していることは間違いない上、韓国を攻撃して甚大な被害を与えることができるという点にも疑いの余地がない。実は、北朝鮮問題を解決するのにあたってこの切り札が一番重要な役割を果たしている。

こうした現実を考慮すると、北朝鮮問題に対する韓国と日本の選択肢は、当然のごとく2つに絞られる。一つは人命被害を覚悟して米国と一緒に北朝鮮を軍事的に解放すること、もう一つは米国に圧力をかけて北朝鮮と平和条約を結ぶように迫ることだ。完全決着を狙う解放戦争は正攻法で平和条約締結は彌縫《びほう》策といえるだろう。

2003年、韓国に反米色の強い新政府が登場したことで韓国は後者を選択するかのように見えた。日本からも韓国政府を批判する声が聞こえてきた。金大中《キムデジュン》政権の太陽政策を受け継いで、反米反日、親北親中政策をとるだろうという憂慮のためである。半世紀の間、日本や米国とともに海洋勢力の一員だった韓国が大陸勢力に変わるだろうという悲観的な見方もあった。しかし、イラク戦争が始まると意外に韓国は速やかに米国支持を打ち出し、派兵を決定した。そして最近、盧武鉉大統領の訪米をきっかけに、韓国政府の対北朝鮮政策は急旋回を始めたかのようにも見える。すなわち政権発足当初の雰囲気とは反対に韓国が解放戦争につながる道を選択する可能性が、以前よりも高くなっている。

軍事衝突の可能性を裏づける「首都移転」計画

これと関連して盧武鉉政権の2つの政策を注意深く見る必要がある。一つは大統領選挙の主要公約だった「首都移転」であり、もう一つは進行中の「自主国防計画」だ。韓国の首都移転は、軍事面での必要性と人口集中の緩和を目的にかなり前から推進されていた課題である。

首都が北朝鮮軍の大砲射程距離内にあるか、その外、すなわちミサイル射程距離内にあるかは、韓国にとって重要な問題だ。ミサイルは迎撃することができても、低空・短距離を飛ぶ大砲とロケット弾の迎撃はまず不可能だからだ。最近、米国が休戦ライン付近に位置する米陸軍第2歩兵師団を後方に配置しようとしているのも同様の理由だ。北朝鮮軍が先制攻撃で集中砲火を浴びせた場合、2万5000人の第2歩兵師団は全滅を避けられない。

すなわち、1953年の休戦以後、第2歩兵師団は韓国を防御する鉄条網、より正確に表現すれば、韓国のために米国が提供した「人質」のような存在だった。同師団を後方に再配置するということは、米国が既に朝鮮半島における戦争を「起こりうる現実」として認識している証拠になる。

韓国の首都移転と米陸軍の後方配置が同時に進行しているのは、水面下で韓国と米国が北朝鮮との軍事的衝突に備えているからである。しかし盧武鉉大統領は、2003年5月の韓米首脳会談で第2歩兵師団移転を自主国防計画が完了する時点まで延期するよう要請したようだ。「自主国防」とは、現在在韓米軍が提供している軍事力を韓国軍で代替することを意味する。この計画が実行されれば、今後5年間にわたって在韓米軍の陸海空戦力の大部分が韓国軍に肩代わりされるはずで、現在は在韓米軍が持つ戦時作戦統制権も韓国に返還されるだろう。

南北分断以後、長い間にわたって「北進統一」、すなわち北朝鮮を武力で解放することが韓国の最優先政策として掲げられてきた。1958年には「平和統一」を主張したことを口実に、一政党が解散させられた上、政治家が死刑にされた事件もあった。この政策が公式に放棄されたのは1972年だったが、その後も北進統一路線は続き、韓国が平和統一路線へ転換してからたかだか20年しか経っていない。

韓国は軍事力を含むすべての分野において、著しく対北朝鮮優位に到達しているがゆえに、平和統一から北進統一へ再び切り替えることはさして困難ではない。

それは今すぐにでも可能だが、首都移転と在韓米軍の撤収、自主国防計画が完了した後であるならば、もっと世論の支持を受けるだろう。私は韓国の現政府がそういう中長期的ビジョンを持っていると信じる。韓国は今後とも北朝鮮問題の解決をめぐって紆余《うよ》曲折を経験するが、解放戦争という正攻法を選ぶ可能性も十分にあるように思える。

しかし、北朝鮮問題で韓国との共同歩調が迫られる日本の状況はもう少し複雑だ。日本は敗戦から約60年間、戦争を経験することなく太平の世を過ごしてきた。最先端の兵器で武装した25万人の自衛隊を保有してはいるものの、実際はさまざまな意味で軍隊だとは言い難い。自衛隊は自衛隊であるだけで、日本軍ではないともいえる。

世界の常識と一線を画す日本人の「戦争忌避症」

それに日本人は戦争に対してアレルギーともいえるほど強い嫌悪感を持っているため、戦争といえば条件反射的に反対する習い性になってしまっている。だから北朝鮮に対する強い報復措置、あるいは武力行使の必要性を主張する人でも、米国のイラク解放戦争については反対するといった、倒錯した姿を見せているのだ。日本人は、世界の平和が軍事力によって維持され、時には戦争によって守られているという平凡な真理を忘れている。

毎年、終戦記念日になると、日本の総理大臣は「不戦の誓いを守る」と繰り返しているが、これは正常なことではない。自衛のための戦争が起こりうるがゆえに「戦争をしない」と誓いをたてる政府は地球上のどこにも存在しない。軍隊は本来、戦争をするためのものだ。そして政府は軍隊の持つ抑止力を用いて、あるいは実際に軍事力を行使してでも国土を防衛し、国民を保護しなければならない責務を負っているはずだ。

敗戦国であるドイツも今では正規軍を保有し、国益のために戦闘部隊を海外に派兵しているというのに、日本はまだ敗戦コンプレックスから脱することができないまま、戦争を否定し続けている。世界第2位の国力を有する「超大国」日本であるがゆえに、この態度が滑稽《こっけい》に見えてならない。

国際社会で危険なのは「戦争狂」だけではない。無条件に戦争を忌避し、戦う意志を放棄してしまった国家も危険である。平和至上主義、戦争忌避症がはびこる日本は、やはり北朝鮮解放戦争よりも妥協を選ぶのだろうか、現時点ではその可能性が大きいと考えられる。

北朝鮮問題において当事国である北朝鮮と米国の立場は比較的明確だ。北朝鮮は現体制を維持しながら中国式市場経済に移行したいと思う一方、米国は一切の譲歩を拒否して北朝鮮を攻撃する準備を水面下で進めている。

イラク戦争が終わった今、韓国と日本という「人質」がいなければ米国の北朝鮮侵攻は既定路線になっていただろう。しかし現在、韓国と日本の立場は揺れている。米国は韓日の同意なしには北朝鮮を侵攻することができないという意味では、北朝鮮問題解決の鍵は韓国と日本に与えられていると言っても間違いではない。

北朝鮮が核兵器で周辺国を脅す代わりに、その開発・保有を完全放棄して平和的な国家に変身すれば、彼らが願う体制保障と経済協力という目的を達成することはそう難しくない。少なくとも米国が北朝鮮を先制攻撃するための大義名分は消えるわけで、韓国、日本との関係も好転するだろう。

その意味で、北朝鮮の軍事的脅威で周辺国を思い通りに動かそうとする路線は愚かなことだが、これは北朝鮮の指導部が国際情勢を誤解しているか、軍事的緊張関係を内部統制に利用しているためである。おそらくその両方だろう。北朝鮮のすべての権力は金正日に集中していると思われるが、その中でどんなことが起こっているかを正確に把握することは難しい。ひょっとしたら指導部には、体制保障と経済開発よりも「核&ミサイル」カードで米国を屈服させたという外交的成果が切実に必要なのかも知れない。

米国は北朝鮮に対して武器輸出、ミサイル輸出などのテロ支援疑惑以外にも、世界3位の麻薬輸出、世界2位の偽ドル札製造など致命的な疑惑をつけ加えている。ここに脱北者問題など人権侵害が加わるなら、米国主導の「北朝鮮解放運動」は国際社会でより広範な支持を得るだろう。

武力行使に伴う犠牲を日本は覚悟できるか

しかし問題は、最初に指摘した通り、戦争が勃発した時に発生する被害の規模である。一部では朝鮮半島で再び全面戦争が発生した時、韓国だけでも数十万人の死者が発生し、全土が焦土化するとも言われる。

先のイラク戦争において、戦争反対者たちは最低でも50万人の死者と140万人以上の難民が発生し、全地球的な災いをもたらすと警告した。しかし実際の犠牲者はその予想をはるかに下回った。米英連合軍の死者は138人（2003年5月1日の戦闘終結宣言時点）、イラク軍の死者も1万人に満たなかった。さらに、精密な爆撃と軍事作戦によってイラク民間人の被害も比較的軽微なものにとどまったのだ。背景には圧倒的な戦力で攻撃を受けたイラク正規軍の多くが抵抗をあきらめて簡単に投降したことがある。

朝鮮半島の戦争でも人命と財産の被害は予想外に軽微かも知れない。既に米国は朝鮮半島周辺に直ちに投入できる兵力10万人以上を配置しているし、自衛隊と韓国軍を合わせれば戦力的には非常に強力だ。その気になれば戦争を始めることはそう難しくない。

問題は日本と韓国、米国がある程度の犠牲をともなう戦争に対して合意できるか、覚悟を決められるかという点にある。

今後、平和的解決のための試みがいずれも失敗した時、韓国政府は意外に速やかに武力行使を決断することができるかも知れない。韓国にはまだ政治的なリーダーシップが生きている上、現在のリーダーは大衆追従主義者ではないからだ。盧武鉉大統領には、必要ならば世論を作り引っ張っていくことができる能力がある。しかし、日本には政治的なリーダーシップが不在で、政府は世論によって動くところが大きい。したがって武力行使の不可避的状況が到来した時にも、3か国の中では日本の立場を予測するのが一番難しい。

私は北朝鮮を武力によって解放しなければならないという強硬論を主張する一方で、それが現実には容易でないということを痛感している。ソウル北部にある私の活動拠点は、北朝鮮軍のロケット砲の射程距離内にある。私は自らが経営する出版社の従業員たちと一緒に、有事に素早く地下鉄の駅へ待避するための訓練をしている。ソウルの不動産価格は北朝鮮軍の射程距離の内か外かによって甚だしい差がある。これは長年、戦争の危険性が頭から離れない韓国人の意識を反映している。

恐怖に慣れた生活には2つの感情がある。戦争を恐れる気持ちと恐怖の根源が除去されることを願う気持ちである。そして私には、決定的な瞬間、韓国人は永遠の恐れの中に住むよりも早期解決に到る道を選択するように思える。その時、日本は頼もしい同盟軍になってくれるだろうか。私は不安の目で日本の歩みを見守っている。

韓国「386世代」が抱える対北シンパシー

独裁政権への憎悪から北朝鮮工作員を支持した若者たち

最近、日本人と話をすると北朝鮮に対する韓国の態度に批判的な声をよく聞く。

例えば、北朝鮮に拉致された韓国人が数百人もいるのに、なぜ日本人拉致事件には非協力的なのか、あるいはいくら同民族だからといって北朝鮮のようなヤクザのような国家に対して、韓国人たちはどうしてそのように友好的なのか、といった批判だ。最近、筆者と『日韓大討論』(扶桑社刊)というタイトルの対談集を出版した電気通信大学の西尾幹二名誉教授も対談中に同じような話をしていた。彼は北朝鮮が犯した犯罪の代表的な例として、1983年の韓国の全斗煥《チョンドファン》大統領暗殺未遂事件と1987年の大韓航空機858便の爆破事件などを指摘したが、このような認識は北朝鮮問題に関する日本人の典型的な理解をある意味で象徴している。

すなわち大韓航空機爆破事件は北朝鮮政府の指令により、金賢姫らが実行したこととして知られているが、韓国ではまったく違った見方もある。個人的にも、この事件は政権を維持しようという韓国の軍事政権と米国の合作劇だったという疑いを捨てきれない。最近、韓国にはこのような立場で書かれた『背後』という全2巻の小説が出版されたが、韓国社会の386世代（2000年の総選挙のころにはやり出した言葉で当時、30代で1980年代に学生だった1960年代生まれ）なら、こうした認識はほとんど常識ではないかと思われる。

『金正日の料理人』（同社刊）でも、この事件の真相を垣間見ることのできる元料理人の証言がある。韓国のマスコミの報道によれば、金正日がこの料理人に大韓航空機爆破事件について、「この事件をわが国がやったと思うか」と聞いたというのだ。

当時、韓国の軍事独裁政権と米国に反対していた北朝鮮がどのような理由で多くの民間人が乗った民間航空機を爆破するというのか。北朝鮮社会のシステムに関する理解が少しでもある人ならば、このようなテロは、実行はもとより論議そのものが不可解だといえよう。1988年のソウル五輪を妨害するためだったという主張もあるが、そのために9か月も前に事件を起こしたということも、納得ができない理由のひとつだ。

1983年、ミャンマーのアウンサン廟で発生した韓国大統領暗殺未遂事件についてもそうだ。大部分の韓国人はこのニュースが報道されたとき、独裁者・全斗煥大統領が暗殺されてくれればと願った。しかし惜しくも随行員たちだけ爆死して全斗煥大統領自身は無事に生き残り帰国した。そして韓国人の凶賊を排除しようと努力した北朝鮮工作員たちに対して、私たちは心からわき起こる感謝の気持ちと同族愛を感じたのだ。

1975年に発生した在日韓国人青年の文世光による朴正熙狙撃事件についても、韓国の民主勢力はその背後に北朝鮮がかかわっていると考え、大変ありがたく思ったものだ。そのころ、私たちの世代は(私も含め)軍事独裁政権を終わらせることができるのなら、赤化統一(韓国を共産主義化して、南北を統一すること)されてもいいと思うほど独裁体制に嫌気が差していた。

北朝鮮で発展し、韓国で潰された主体思想

1980年に発生した光州事件(※)でも似たような経験がある。筆者はこの事件の最後の闘争に参加した当事者でもあるが、その時、光州は全斗煥の軍(戒厳軍)によって完全包囲されていたし、すべての韓国メディアは真実とは隔たった報道をしていた。当時、光州市民の側に立って報道していた唯一のメディアは北朝鮮の朝鮮中央放送だけだった。そのため当時、光州市民は一日中、家で北朝鮮の放送を聞くことで、この事件の成り行き

を詳しく知ることができた。私も後で全斗煥の軍によって逮捕され、「一日中、北朝鮮の放送を聞いた」という代価として、まだ未成年だったにもかかわらず、とても耐えられないようなひどい拷問を受けなければならなかった。彼らは、私を「南派スパイ」（韓国に送り込まれた北朝鮮のスパイ）と断定して、捜査記録に「特A」と赤い字で書き記した。

30年以上にわたって軍事独裁政権に対立して闘争する過程で蓄積されたこのような経験によって、韓国の学生運動家たちは、北朝鮮に対して徐々に同民族としての親しみを感じ始めたし、彼らこそ本当のデモクラシーの友軍だと思うようになった。米国と日本は韓国の軍事独裁政権を支援していたので、韓国の反政府勢力には自然と親北朝鮮、反米、反日の気運が形成された。

その結果、１９８０年代半ばに韓国では自主的な主体《チュチェ》思想派グループが組織され始め、このグループは学生街で熱狂的な支持を得て、１９８０年代後半になると学生運動の主流として浮上してきた。韓国では、彼らを略して主思派（チュサパ）と呼ぶ。

主体思想は、１９２６年当時、14歳だった金日成が満州で打倒帝国主義同盟を結成しながら始めたとされる。彼は概して聡明で好感を持たれる性格を持ったゲリラのリーダーだったと考えられる。金日成は１９３０年代以後、満州と朝鮮半島北部で日本軍を相手に抗日パルチザン活動を展開する過程で、勇名を轟かせ、一時は２００人余りを指揮する革命家として頭角をあらわした。

しかし、1930年代後半、日中戦争が始まってからは、日本軍の討伐をうけ、ソ連に逃げるしかなかった。ソ連軍は金日成に大尉の階級を付与し、彼の指揮下に朝鮮人部隊を別編成した。日本が戦争に敗れると朝鮮半島北部を占領したソ連は、金日成部隊に北朝鮮の統治を全権委任し、以降、金日成は死ぬまでの約50年間、この地域で絶対的な権力を行使した。

金日成は初期の20年間、マルクス・レーニン主義を統治理念にしていたが、中国で文化大革命が始まったころ、主体思想を打ち立て、朴憲永などの政敵たちを排除し、北朝鮮を個人崇拝国家にした。以後、主体思想は北朝鮮で体系的に発展したが、韓国社会では厳しい思想弾圧によってほとんど普及することはなかった。

抗議自殺続出で葬儀場と化したソウル大

ソウル大学は朝鮮総督府時代に設立された京城帝国大学の後身で、大日本帝国政府が直接運営していた帝国大学の一つだった。韓国が独立した後も京城帝国大学は韓国社会の中で最も権威ある教育機関として発展したし、現在も、この大学が英才を独占している状況はますます強まる傾向にある。しかし、韓国社会でソウル大学の権威は政府の支援と学問的な成果だけではなく、軍事独裁時代に最も献身的で熾烈に闘争してきたという政治的な道徳性によって、より強まった。

ソウル大学の反独裁の闘いは「殺身」（大義のために命を捨てる）の歴史だ。１９７５年、金相鎮の割腹自殺以降、１９８１年の金太薫の投身自殺、１９８２年の黄貞何の投身自殺、１９８６年の金世鎮、李載虎、金東秀の焼身自殺、１９８７年の趙星満の焼身自殺など、学友たちが反独裁闘争を訴えて、仲間の意識を喚起する政治的な自殺事件が相次いだ。ソウル大学のキャンパスはいつも葬儀場と化したし、学生たちは友人の死に報いるため、快く学業をあきらめて職業革命家に転じた。１９８６年の報道によれば、当時、ソウル大生の16％が1か月以上投獄された経験がある前科者だった。ソウル大生たちは誰もが革命家になるように求められたし、学業にだけ専念する模範的な学生たちは自分の出世だけを考えて大義を捨てる人間のクズのように扱われた。韓国を代表する大学はどこも反独裁の闘いの戦士を養成する軍事基地に変貌したのだ。

「ヤンキー・ゴー・ホーム」と叫んで焼身自殺した学生も

この過程で、１９８５年ごろ、韓国最初の自主的な主体思想グループが形成された。最初の主体思想グループは当時、ソウル大学法学部と自然科学部の地下グループとして形成されたが、どちらが先だったか定かではない。1982年入学の金永煥が率いた法学部グループは以降、理論的な活動を主導したし、同年入学の咸雲炅が率いた自然科学部グループは実践的な活動を主導した。

咸雲炅は1985年、「反米韓国」の始まりとなったソウルの米文化院占拠事件を計画し、前述の焼身自殺事件を起こした金世鎮と趙星満の二人は咸雲炅の「良い米屋」という組織の中で育った革命家たちだった。彼らは焼身自殺したとき、「反戦反核、ヤンキー・ゴー・ホーム」と「反米主義」を叫んで、シンナーを身体にかけて火をつけた。

このグループは当時、北朝鮮の対南工作員から体系的な指導を受けたとされる。彼らは自分たちは事実上のスパイで、逮捕されたら生きて出てくることができないことをよく知っていた。法学部の金永煥グループは以後、潜水艦や工作船に乗って北朝鮮を行き来し、多くのメンバーたちが自ら進んで朝鮮労働党所属の定着スパイとして活動した。

ソウル大学にはずいぶん前から最高位の地下組織である5人中央委員会があった。1980年代に始まったとみられるが、その前から存在していたかどうかはわからない。

各学部のオルグとして3年生の中から最も有能な仕事人間を任命し、中央委員会はこの学部のオルグたちが4年生に進級するときに業績を評価して5人を選抜した。地下革命家たちは、この学部オルグに任命されるために熾烈な競争をし、ひとたびオルグに任命されれば組織員たちから絶対的な忠誠と尊敬を受け、彼らを指導する立場になる。私は1985年の中央委員会の3人を知っているが、うち2人は主体思想派ではなかったようだ。

金大中前大統領の側近として活躍した主体思想派

残りの一人は、金大中前大統領の秘書官を務めた金漢正で、金大中氏が現職の大統領のときにも最も信任されていた秘書として知られる。この人物は1987年、金大中が大統領選で敗れた直後、在野の人たちとともに金大中の平和民主党(平民党)に合流し、1989年には金大中の広報担当秘書官になった。彼は当時、「平民連」と呼ばれたこの在野グループの青年拡大会議で、「南朝鮮革命を果たすために金大中先生が大統領にならなければならない」と驚くべき発言をしている。私はこの話を、当時会議に参加した友人から伝え聞いた。これは逆に言えば、金大中が大統領になれば朝鮮半島の赤化統一が可能だという意味で、もっと驚くべきことは当時、参加者の中から、誰もこの発言に対して異議を唱える人がいなかったということだ。

以降、この在野グループはみな平民党組織に吸収されて国会議員や地区党委員長、党中央幹部などになって金大中政権誕生のために仕えた。金漢正は以後、金大中が1992年の大統領選で敗れると米国留学し、帰国後は国家情報院(前・国家安全企画部)に特別採用され、さまざまな秘密工作を行なったとされる。恐らくこのとき、国家情報院が持ちうるすべての国家機密は北朝鮮に渡ったはずだ。彼は金大中が政権に就いた後は、大統領官邸第一付属室長として金大中のノーベル賞受賞のためにロビー活動を主導したとされるし、2000年6月の南北首脳会談にも深く関与したとされる。

1985年、ソウル大学で誕生した主体思想派グループは熾烈で果敢な闘いと焼身自殺などで反独裁闘争を導いた。以後、学生運動の理論闘争で勝利し、1987年になると韓国学生運動の主流路線になった。1984年から韓国では学生運動の全国組織が形成され始めた。1986年までは全学連（全国学生総連合）があったし、1987年からは全大協（全国大学生代表者協議会）、1993年からは韓総連（韓国大学総学生連合）として拡大改編されて今日に到る。

韓総連が日本の朝鮮総聯と似た名前を持ったことは決して偶然ではない。全学連と全大協の会長はソウル大学総学生会長がほとんどなったが、韓総連のときからは、議長職は全国の各大学間で回した。

大学キャンパスでは北朝鮮工作員に拍手の嵐

全学連時代までは、指導部の中でも主体思想派は少数派だった。しかし、全大協以降は主体思想派がほとんど100％の学生運動を手中に収めた。これは主体思想の大衆路線が、組織を掌握して闘いを指導するのに利点があったという事実を立証してくれる。

私は1987年後半、全大協に参加していた学生活動家から驚くべき話を聞いた。彼らは会議場に金日成の肖像画を掲げ、会議の前には全員起立して「金日成将軍万歳」を3回復唱してから会議を始めるというのだ。これはもう韓国の学生運動が朝鮮労働党の下部組織に編入されたことを意味するものだ。このような主体思想派が学生運動を掌握するという伝統が今日まで続いている。

1980年代までにしても韓国の反独裁運動には非常に多様な派閥があった。これらの路線はNL（民族解放）、CA（反資本主義）、PD（民衆民主主義）、NLPDR（民族解放民衆民主主義革命）などの英文のイニシャルで呼ばれていたが、簡単に言えばレーニン主義と民族主義だ。

反米赤化統一を追求する民族主義のほとんどは主体思想派の路線だ。レーニン主義派は労組の中に労働運動を組織してロシア型社会主義革命を起こそうと考えていた。一方、主体思想派の路線は階級を区分することなしに全人民を主体思想で武装させ、北朝鮮の支援を受けながら反米内戦を通じて韓国を赤化させようとしていた。

1986年までにこの二つの路線が学生運動でそれぞれ半分ずつを占有したが、198

0年代の末になると、80％以上の学生運動が主体思想になった。この時期の主体思想派の誰もが北朝鮮を革命基地として敬慕し、朝鮮労働党の工作員と接触するなどして北朝鮮に渡り、党組織の一員になるために努力した。たとえば誰かが大学のキャンパス内の食堂に現われて、「北朝鮮から来た工作員です」と自己紹介すれば、食事をしていた学生たちが一斉に立ち上がり、歓迎の拍手を送り、「いま祖国の状況はどうですか」とあいさつをするほどだったという。一般の韓国人たちにこんな話をすれば、「それはどこの国の話ですか」と聞き返されるくらい知られていない話ではあるが、事実そうだった。

1995年には全面武装蜂起が計画されていた

１９８６年ごろ韓国の情報機関は韓国内の職業革命家の数を5万人ほどと把握し、それぞれの氏名と性向、前科などを分類し、管理していた。大学生たちはキャンパスを離れて、労働現場で偽装就労しながら労働運動を組織し、またそれとは別に自分たちだけの前衛部隊を構成することに専念した。仁労連（仁川地域労働連合）やソ労連（ソウル地域労働運動連合）のような組織は数万人の組織員を抱え、統制する革命家たちによる厳格な軍隊組織だったし、これらはいつでもゼネストと武装蜂起を起こすことができる能力を有していた。１９８６年の「5・3仁川事態」（仁川であった改憲推進のための大規模集会・デモ）はこのような地下革命組織の力を示した大規模な暴動だったが、当時、仁川地域はほとんど治安が麻痺して革命家たちによって占拠されているような状況だった。

１９９４年になると、韓総連は全国の大学組織を完全に掌握し、文字通り１００万の学生を従え、一糸乱れぬ組織体として強大な全国組織を構成するようになる。第２期韓総連は当時、北朝鮮核危機が高まり、戦争の可能性が大きくなってくると、組織員たちに軍事訓練を実施していた。金日成が決断していたら、韓総連を中心に最低でも20万人くらいはすぐにでも武装蜂起できたと、私は推測している。幸い１９９４年7月に金日成が死亡すると、韓国の主体思想派たちは、彼らの偉大な首領を失った悲しみで何年もの間、何もすることができなかった。南北の主体思想派たちは、以前から分断50年目の１９９５年に全面武装蜂起を予定していた。

それから、主体思想派は徐々に学生街や労働現場での支持を失い、韓国社会の少数派となったが、過去、生死を共にした同志らさえ、いま友人らが何を考えているのか、北朝鮮とどんな関係を持っているのかを知ることができない。

たとえば韓国の自主的主体思想の創始者といえる金永煥の場合、１９９９年にスパイ活動で摘発され、仲間たちと一緒に情報機関に一網打尽にされた。彼は潜水艇と工作船に乗ってよく北朝鮮を往来し、金日成と金正日とも会い、直接指示を受けたと自白している。

まだ、このような主体思想派たちが最少でも数千人はおり、韓国社会の各分野で暗躍していると思って間違いない。現在、展開されている第2次北朝鮮核危機で彼らがどんな役目を果たすかを注意深く見守る必要がある。

※光州事件　1980年5月、韓国南西部の光州市（全羅南道の道都）において学生・市民の民主化運動を軍が武力弾圧し2000名を超える死傷者を出した事件。その前年に起きた朴正熙大統領暗殺事件を契機に全国で民主化を求める動きが活発化したが、粛軍クーデターによって軍および政府の実権を握った全斗煥将軍（後に大統領）によって民主化運動は弾圧された。

第三章　「反日洗脳教育」最前線

「責任感のない韓国人」を再生産する教育システム

反日運動家も戦前は「皇国臣民」となることを熱望した

2003年6月8日、サッカーの国際親善試合、韓国対ウルグアイ戦がソウルW杯競技場で行なわれた。夜10時頃、競技場を出た私がタクシーに乗ると、運転手が何の気もなしに、「あの日本野郎の審判のせいで、ウリナラ（我が国）は負けた」と吐き捨てるように言った。0—2で韓国が敗れた責任を、試合を裁いた日本人審判に押しつけているのだが、日本人審判に責められるようなミスはなかった。

しかし、実際にはこうした物言いは韓国では珍しくない。ウリナラに存在する全ての悪は日本のせい、日本が持って来たものだという偏見が韓国社会の土壌に深化し、社会全般に充満しているのである。タクシーの運転手の言葉は「日本＝悪」という構図を具現化している慣習の一例に過ぎない。

韓国の反日洗脳教育は韓国が光復（韓国では日本の植民地支配からの独立解放をこう呼ぶ）後、米国から帰国した大韓民国の初代大統領、李承晩によって始まった。

人間というものは非常に弱いものらしく、簡単にオポチュニスト（ご都合主義者）になってしまう。太平洋戦争が終結するまで、朝鮮の人々は日本人という意識を持ち、外地（当時日本領であった朝鮮半島や台湾）の日本人として、内地人（日本本土の日本人）と共に鬼畜米英を掲げて戦争を戦い、腰を折らんばかりに深くおじぎをして天皇陛下に忠誠を誓っていた。

ところが、米国を中心とする連合国の勝利という他力によって朝鮮半島の日本からの独立が成されるやいなや、我こそは抗日独立闘争の義士だと名乗る詐欺まがいの人士が雨後のたけのこのように続出し、朝鮮半島における日本に対する態度は180度変わった。反日でなければ社会的に抹殺されるような殺伐とした雰囲気が生み出されたのである。

例えば、朝鮮の日本からの独立を求めた3・1独立運動（1919年3月1日）の首謀者の一人、崔麟は1931年に時中会という団体を設立した際、次のように主張した。

「真心と赤誠をもって朝鮮人は帝国臣民たることを自覚・自認し、日本人は朝鮮人を真の同胞国民として認めなければならない。内心に爆弾と剣を抱いて日本国民でござると仮想・偽装し、同一同胞と言いながら優越感を示すならば、渾然一体の日鮮一家は成立し得ない。朝鮮の民族性を尊重し、朝鮮文化を崇拝しながらも我々は日本帝国臣民たる事が出来、日本帝国の世界に対する使命に貢献しながら大東亜の平和に尽力する事が出来るのである」(『「植民地朝鮮」の研究』杉本幹夫著、展転社、2002年)

さらに彼は日本の戦争遂行に協力する言論人として朝鮮内の世論を誘導した。

「同胞は早くから……この日の来るのをどれほど待ちこがれていたことか。……半島の民衆は創氏を行い、喜んで帝国陸軍人になり、どこから見ても皇国臣民になったのである。これからは全力を尽くして練磨育成に励み、君国の楯として恥じることのないよう心身を鍛えなければならない」(前掲書)

しかしながら、戦後の親日派弾劾の裁判で崔麟は「日本の軍門に屈せざるを得なかった」と弁明している。

戦前、崔麟の他にもたくさんの親日的言論人がいたが、「朝鮮語を廃止すべし」と唱えた玄永燮、「アジア復興と内鮮一体」を記した金斗禎、「朝鮮民族の発展的解消論序説」を著わした金文輯など、社会全体に日本人という意識が満ち満ちていた。

1945年の独立後、彼らの多くは処断されたか、保身のため極端な反日に転向していった。そうした中にあって李光洙だけは韓国独立後も親日的立場であったことの正当性を訴えている。しかし一般的には、韓国社会の風潮は帝国臣民になることを熱望するなど親日的風潮に満ちた戦前の社会から解放されると、反日へ大転換した。

以後、「反日」のための歴史的事実の捏造は度を極めた。また日本を悪者に仕立て上げることで国内不満を逸《そ》らし、歴代政権の正当性を確保しようとする、日本にとっては迷惑千万の悪しき慣習がここに形成されたのである。日本に少しでも肯定的な評価をすれば「親日派売国奴」のレッテルが貼られ、韓国社会で生き残っていけなくなったのだ。

冒頭で紹介したタクシー運転手のように、人々の意識の奥底に「日本＝悪」という図式が定着している原因は、幼少時から徹底的に刷り込まれる持続的かつ体系的な反日洗脳教育によるものである。

独立記念館で目撃した「反日洗脳」現場

首都ソウルから車で約1時間半のところに天安という都市がある。その天安市の緑豊かな場所に独立記念館がある。この記念館は、１９８２年の日韓の政治的懸案にまでなった第1次教科書問題が発端となって全斗煥大統領（当時）が韓国民からの募金で建設した博物館である。日本の侵略行為を永遠に記憶しようという意図による。先日、この独立記念館を訪れた。

敷地に足を踏み入れると、入り口から展示館までは相当の距離があるのだが、沿道の両脇には無数の太極旗（韓国の国旗）が並ぶ。建物からは見学に来ていた小学生が溢れていた。課外授業の一環として先生に連れてこられた様子である。館内のあちこちで輪になって先生を囲み、説明を聞いていた。ノートをとる子供、はしゃぐ子供、居眠りをしている子供など、まさに純真無垢であどけない児童たちだった。

ある先生の話に耳を傾けてみた。その先生は子供たちに向かって抑制的な口調であったが雄弁に日本の蛮行を羅列し説明を始めた。

教師「1919年、3・1運動で無数の韓国人が虐殺され拷問されました。この他にも私たちの祖先は日本人に苦しめられ、たくさんのひどい目に遭いました」

児童「日本野郎は本当に腹が立つ。許せない」

このような問答が複数回続いた。子供たちの頭はもはや「反日」でいっぱいである。

こうした憎悪の対象を作り出す教育を韓国は戦後延々と続けてきたのである。反日のためになされる歴史的事実の歪曲・捏造はあまりにも多すぎるため、こちらが逐一指摘してもきりがない。日本統治時代の歴史的事実に関しては真実より捏造の方が圧倒しているのである。

李朝や清への抵抗も抗日闘争にすり替える〝病的な慣習〟

韓国全土からやってくる子供たちが見学する独立記念館の展示内容とはどのようなものなのか。端的に言えば「日帝蛮行博物館」である。これでもかこれでもかと日本の犯した残虐行為を様々な手法を使って見せつける博物館である。しかしその多くが捏造されたものである。

独立記念館は全部で7館あるが、その一つに「日帝侵略館」という名の展示館がある。その中の蠟人形による拷問シーンの再現は歴史捏造の極みである。拷問場面は複数あるが、中でも性的拷問は筆舌に尽くしがたい内容となっている。日本の憲兵が女性の衣服を剝ぎ取り暴力的に陵辱しているシーンがあるのだが、私は思わず目を覆った。ここまで悪質な捏造をして良いものなのか。独立記念館は日本の憲兵が独立運動の闘士たちをありとあらゆる残虐な方法で拷問したと『韓国独立運動の血史』というオカルトまがいの全く信《しん》憑《ぴょう》性に欠ける資料を参考に拷問シーンを再現している。

また従軍慰安婦の説明場面ではほとんど全ての朝鮮の若い女性が挺身隊という名目のもとに騙され、従軍慰安婦となり日本軍の性的奴隷となったと描写している。これを見学する子供たちには「日本＝悪」という構図が刷り込まれていくのである。

また他の捏造例として、朝鮮総督府による土地調査事業に関しても総督府が朝鮮全土の60％を収奪したというとんでもない数字をデッチ上げ、事実として紹介しているのである

（実際は数％に過ぎない）。土地私有の概念自体が存在しなかった日韓併合前の朝鮮半島において、近代的な土地所有概念を定着させるために必要な事業だったということにも一切触れられていない。しかし、この「捏造博物館」では土地調査事業について日本が朝鮮の土地を全て侵奪するための狡猾な政策として解説されている。

さらに日清戦争の発端となった東学党の乱（１８９４年）についての解説も明らかに歴史的事実を著しく歪曲したものだった。実際には李朝時代の圧制・搾取に対する反発から全国的な一揆へと広がったのにもかかわらず、東学党蜂起の原因を義兵闘争と関連づけて抗日闘争へと巧妙にすり替えているのである。

また、ソウルの青瓦台（大統領官邸）近くに日本統治時代に作られた西大門刑務所の跡地がある。現在は、西大門刑務所歴史館となっているが、ここでも「残虐な日本人看守」による拷問・虐殺風景が蠟人形によって再現されている。

とくに指摘したいのはそのそばに立つ独立門と呼ばれる記念碑である。日韓併合前に建てられた、このフランスの凱旋門に似た建造物を独立記念館では列強からの独立を高らかに宣言するために建てられたものと説明しているが事実は全く異なる。当時朝貢関係にあった宗主国清国に対する独立を謳《うた》いあげるために建設されたのが歴史的事実だ。しかし、韓国民は日本を含む列強からの独立のための門であると学校で教えられて育つのである。

自国の近代史の大部分を日本の侵略と関連づける病的な慣習が存在することは疑いようがない。

「日本＝悪」が浸透している韓国社会

独立記念館の帰り際、訪問記念に公式ガイドブックを買ってみた。お金を払うと店員の若い女性が「日本の教科書は歴史を歪曲している」と突然言い出した。私が「日本の歴史教科書を読んだことあるの？」と尋ねると、間髪入れず「ない」と答える。さらに彼女は続けて「日本のものは悪いに決まっているでしょう？」と臆面もなく言い放った。

これには全く開いた口がふさがらなかった。こうした施設で働いているところからすると、彼女は平均的な韓国人よりも反日感情が強いのかも知れない。しかし、独立記念館での教師と児童のやりとりが示しているように、「日本＝悪」という固定観念が韓国人の精神構造にしっかりと根づいているのである。検証作業や事実確認などがないまま、大前提として「日本＝悪」という構図が韓国社会に浸透しているのである。

独立記念館を訪れる数多くの子供たちを遠巻きに見ながら、「また反日韓国人が再生産されていくのか」と溜め息が出た。判断能力の乏しい子供たちがこのような反日〝捏造〟記念館を後にする頃には、心に「反日」の刻印を押された反日韓国人として生まれ変わっていく。

まっさらな更地に反日の種を植えつけていく作業はいつまで続くのか。

反日教育という愚民化政策が韓国人自身を蝕んでいる

以上紹介したのは反日教育のごく一部だが、このような悪質な歴史的事実の捏造によって日本のイメージは著しく傷つけられている。日本国民は一丸となって公式に独立記念館の展示内容に断固抗議すべきだ。

同時にそれは韓国の国民の目を覚ます絶好の機会となるはずだ。ありもしないことをでっち上げ、歴史的事実を歪曲し、歴史的事件・施設に恣意的な解説をつけて反日意識を頭に植えつけることは、韓国国民が自らを愚民化していることに他ならないからだ。また、苦難に耐えながら日本と共にあの戦争を戦った韓国人自身の先祖にも失礼である。

幼少時から不必要な被害者意識を執拗に注入されれば、被害妄想に取りつかれ冷静かつ客観的に物事を判断できなくなっても不思議ではない。日本統治時代が全くの暗黒時代であり肯定的側面は皆無であったと子供たちに教え続ける韓国政府の意図的な反日洗脳教育は、全ての失敗や短所の責任を他者になすりつける責任感のない人間を大量生産する結果となるだろう。

また、ある特定の民族や国家を憎悪させるような社会風潮や教育が子供たちの精神的発育にとって健全であるはずがない。現在の反日的風潮は2002年のサッカーW杯日韓共同開催で若干和らいだが、最近では反日の代わりに反米が韓国社会を覆っている。

日本の日教組にあたる韓国の教員組合、全教組は相手を変えて同じことをくり返しているのである。在韓米軍の傍若無人な振る舞いに問題があることは確かだが、蠟燭《ろうそく》デモに代表される反米策動はまた新たな憎悪の対象を作り上げている。日本からの独立後の反日教育や最近の反米集会は李朝時代の事大主義からの反動なのであろうが、韓国社会はアンチテーゼを高揚させることでしか成り立たない共同体なのであろうか？

独立記念館のようなまがい物を地上から消すことが、日本人のためだけではなく韓国人にとっても有益であることは間違いない。

若者を反日に誘う「明成皇后《ミョンソンファンフ》（閔妃）シンドローム」

韓国人も知らない朝鮮王室の末裔

以前、筆者はウェブのある支持者から興味深いメールを受け取った。「大韓皇室再建会」という組織で筆者に対する大々的な人身攻撃が始まったから気をつけろというのがその内容だったが、そのサイトに載せられた私を攻撃する文と写真が添えられていた。２００１年以降、私に対する人身攻撃と殺害の脅迫は一度や二度ではないから驚かなかったが、「大韓皇室再建会」という名には興味を持った。

外国人研究者の書物には、日本の敗戦後、韓国が独立するときに朝鮮の王室を再建しようとする動きが全くなかったことを不思議がる内容が見られる。事実、これは韓国人である私が考えてみても大変おかしなことである。思い返してみると、私は李方子《イバンジャ》という名を聞いて知っていたが、その女性が大韓帝国の最後の皇太子妃であった事実を知ったのは最近のことである。そして李方子が「まさこ」という名の日本人であったという事実（嫁がれる前、梨本宮《なしもとのみや》方子《まさこ》という名の皇族だった）、晉と玖という2人の息子がいたという事実も知った。しかしこのような事実を知っている韓国人は恐らく5％もいないだろう。朝鮮王室の子孫に対しては親韓派日本人がより熱烈な関心を持っているようだ。韓国人は朝鮮の王族に対しては冷淡である。

妙なことに、韓国人は朝鮮を軽蔑している一方で、朝鮮時代の歴史ドラマは大好きである。実際、韓国の放送で朝鮮王室の歴史を題材にしたドラマは年中放映されている。朝鮮王室の歴史にこんなに関心が高くても、朝鮮王族である全州李氏（家系を表わす）が全人口の10％を超えていても、それでも韓国ではこれまで王室を再建しようという動きが全くなかったのである。

恐らく韓国人は表面では朝鮮の王族であり貴族であったという事実を誇りに思いながらも、心の奥底には先祖から受け継いだ朝鮮を憎む気持ちを秘めていると考えられる。朝鮮を憎みつつ朝鮮を慕うという、アイデンティティーの混乱の中にいるのが今日の韓国人だ。

韓国の主要大学に日本語学科がない理由

一方で日本に対してはどうか。現代韓国人はその出発期から経済発展に到るまであらゆることを日本から受け継いだ。日本は韓国にとって〝父母〟のような国である。それにもかかわらず、表面的には日本人に由来するアイデンティティーを否定しながら日本を憎悪しているのが今日の韓国人である。

２００1年にソウル大学を引退した国文学者で、韓国最高の文学評論家でもある金允植《キムユンシク》氏によれば、韓国の主要大学に日本語学科がないのは韓国人が日本を外国とは見なしていないからだという。韓国の戦前世代は誰もが日本語を流暢に操り日本人としてのアイデンティティーを持っている。ただ戦後世代の反日感情のせいで表わすことができないだけのことだ。

韓国人にとって日本から影響を受けた期間は朝鮮に比べてずっと短かったが、その影響力は絶大だった。しかし敗戦後に反日教育を強要された結果、今日の韓国人はかつてのアイデンティティーを否定し、自分たちのルーツを朝鮮に求めようとしている。そしてついに「大韓皇室再建会」のような団体が登場するに到る。

一体全体、彼らはかつての朝鮮王室を再建してどうしようというのだろうか。おそらく日本やイギリスのような王室を作れば、朝鮮の後裔としてアイデンティティーを取り戻せると考えているのだろう。こうした動きと符合するかのように最近の韓国では「明成皇后シンドローム」と呼ばれるムーブメントが起きている。

若者の親日感情に冷水を浴びせた「明成皇后シンドローム」

ＴＶドラマ『明成皇后』は韓日で教科書問題が沸騰した２００１年、韓国文化界における「明成皇后シンドローム」の口火を切った。

明成皇后は、朝鮮末の改革に高宗の妃として徹底して抵抗したが、朝鮮と日本の革命勢力の攻撃を受け殺害された王妃である。この人物は、評価の仕方によって閔妃、閔后《ミス》などと複数の呼称を持つが、かつて韓国では「閔后のような女」と言えば女性に対する最大の侮辱であったという。それほど閔妃は朝鮮を滅ぼした王妃として人民の侮蔑の対象だった。そんな人物が最近になって、突如として愛国と忠節の象徴になって、ドラマ、ミュージカル、演劇、映画などあらゆるジャンルで万古《ばんこ》の愛国者として追慕され始めたのである。

明成皇后を救国の殉教者として美化しようという試みは、以前からぽつりぽつりとあった。早い時期から極右的な作家・李文烈《イムニョル》は「キツネ狩り」という演劇を書いてその名誉回復（？）の先頭に立ってきたが、最近これを韓国の劇団が「明成皇后 The Last Empress」という名のミュージカルに仕立てた。このミュージカルは国内で成功を収め、英米などでも公演された。このミュージカルが最近になって教科書問題で引き起こされた反日感情に便乗して、ＴＶの歴史ドラマ、演劇公演、小説、ＣＤ、映画、ミュージックテープへと広がるなど、反日感情の産業化現象が現われているのだが、韓国のマスコミはこれを「明成皇后シンドローム」と呼んでいる。

このシンドロームは、年間最高視聴率を記録したKBSのドラマ『明成皇后』に続いて、2001年末、声楽家・曺秀美《チョスミ》が歌った明成皇后のサントラ盤が発売されるに及び、絶頂に達した。曺秀美は韓国が生んだ世界トップクラスの声楽家で、カラヤンが「神の歌声」と絶賛したすばらしい歌手だ。正統派のソプラノの歌が長い間ランキング1位を占めたのは韓国で初めてのことである。曺秀美のミュージックビデオでは悪辣《あくらつ》な日本公使・三浦梧楼が浪人をけしかけて朝鮮の王宮に侵入、救国の希望である明成皇后を無惨に殺害したというストーリーが抑制されて描かれている。

このミュージックビデオとサントラ盤は高価であったにもかかわらず発売前に30万枚が予約され、発売後たった3か月間で数百万枚が売れた。しかしそれよりもっと深刻なのは、韓国の発達したインターネットを通じ、ミュージックビデオがほとんどのウェブサイトに掲示されたという事実だ。同年末から韓国のサイトに接続するたびに閔妃のミュージックビデオをいやでも何度も見なければならない状況が生まれた。

1990年代、日本にX JAPANが登場して以来、韓国の新世代には日本文化の強い風が吹き荒れた。この流行はX JAPANと村上春樹、ジャパニメーション（日本製アニメ）を知らなければそのグループの情緒を共有できないほどに強力なものだった。その結果、韓国の新世代に反日感情よりは親日感情が普遍的だと言えるほど、日本に対する好意と憧れが急速に広がったが、明成皇后シンドロームはこのような雰囲気に冷水を浴びせた。これによってインターネット第一世代は、10年ぶりに親日から反日へと画期的な情緒の転換を経験している。

政府も教科書で「朝鮮を滅ぼした王妃」を美化

東学《トンハク》農民運動（日本での名称は東学党の乱）で政局が混乱していたとき、侵略の勢いを強めた日帝（日本統治時代の歴史を語るとき、韓国では一般的に日本をこう呼ぶ）は甲午改革に関与して興宣《フンソン》大院君《デウォングン》（明成皇后の舅）を立てて明成皇后の勢力を除去しようとした。明成皇后は日帝の野心を見抜き、日帝を後ろ盾にした改革勢力に抵抗した。三国干渉（※）で大陸を侵略しようとした日帝の勢いが削がれると、朝鮮政界の親露傾向はより固まった。これに日本公使の三浦は日帝の朝鮮半島侵略政策の障害である明成皇后と親露勢力を一掃しようと一部の親日政客と組んで1895年8月に日帝軍隊と政治浪人を動員して王宮を襲撃、明成皇后を殺害し、その死体に火をつけるという蛮行をはたらいた。

（『国史』337ページ）

これは韓国政府が歴史教科書で広めようとしている明成皇后殺害事件の顚末だ。日本の侵略に抵抗したが、日帝によって意図的に殺害された救国の殉教者明成皇后、これが最近、韓国人に定着した彼女のイメージとなった。果たして真実はどうなのか。

1894年5月、東学農民軍の反乱を鎮圧するために清国軍隊が朝鮮に出兵すると、天津条約に従い日本政府も即刻対応して出兵した。当時日本政府は清国と朝鮮政府に施政改革と朝鮮の独立を提案したが、清国と朝鮮政府はこれを拒否した。これを受けて、当時ソウルに駐屯していた日本軍は朝鮮の王宮を奇襲、占領し、改革派政府に交代させ、武力で朝鮮の改革を実施した。

これを甲午改革と言うが、朝鮮初の近代改革であり、日本の明治維新を朝鮮に移植した措置だと言える。これはフランス革命以後、ナポレオンの軍隊がドイツを侵略した後に施行した改革と同様の性質をもつものだった。

朝鮮の首都を掌握し、革命政府の樹立に成功した日本は、平壌城の戦闘において李鴻章の精鋭軍を壊滅させ、遼東半島で清国海軍を撃破した後、破竹の勢いで満州と山東半島へ進撃した。まもなく北京陥落が不可避の情勢になると清国は降伏し、下関条約を通じ日本は清国から莫大な賠償金と共に台湾と朝鮮、満州地域を譲り受けた。

朝鮮近代化〝最大の障害〟となった明成皇后

こうして日本が朝鮮の保護国であった清国を撃退し、東アジア最大の強国として台頭すると、朝鮮は３００年ぶりに清国から完全独立を勝ち取った。日本軍の後援によって施政改革も一瀉千里《いっしゃせんり》に実現し、朝鮮は日本に次ぐ東アジア第二の近代国家に飛躍できる絶好の機会を得た。

しかし勝利の喜びも束の間、新生朝鮮と日本の前により大きな敵ロシアが待っていた。当時ロシアの戦略は満州と朝鮮、日本を占領し太平洋へと進出しようというものであった。ロシアはドイツとフランスを引き込んで日本に対し三国干渉を行なったが、これは満州と山東半島から退かなければ露独仏連合軍と戦争を覚悟せねばならないという露骨な脅迫であった。当時の国力でこれら強大国に太刀打ちできなかった日本は涙をのんで満州と山東半島から撤収した。

日本がロシアに屈服し朝鮮半島からも撤収することになると、明成皇后と朝鮮の守旧勢力はロシアをバックに再び政権を掌握した。閔妃は金弘集《キムホンジップ》と朴泳孝が率いる革命政府に徐々に圧力をかけ、甲午改革の成果を一つひとつ元に戻し始めた。時間が経つにつれ朝鮮の政界では次第に親露派の勢いが強くなり、数か月後、金弘集は失脚し、１８９４年の革命政府樹立に決定的な役割を果たした日本公使・井上馨も、退潮する日本勢力と共に日本へ帰ってしまった。

このような情勢の中、翌1895年8月になると朝鮮内閣には改革勢力は一人もいなくなり、明成皇后の指示を受けた親露派だけが残った。明成皇后が主導する親露派は施政改革の中心であった軍国機務処を解散し、革命政府が成し遂げたあらゆる改革の成果を無にし始めた。いくらも経たないうちに、朝鮮の改革は水の泡となる危機に直面した。日本が抜けた後の朝鮮の改革勢力はあまりにも無力だった。そこで当時朝鮮革命勢力を率いていた朴泳孝は守旧派の首魁《しゅかい》である明成皇后を排除することを決意したのである。

当時の日本は東アジア唯一の革命基地だった

朴泳孝は王族であり、1884年朝鮮のクーデターを主導した革命家である。クーデターは成功したが、明成皇后が清国の軍隊を引き入れ、日本軍・朝鮮革命軍によって急遽編制された革命守備隊が清国軍との戦闘で敗れたことで三日天下に終わった。朴泳孝は日本へ逃亡したが、日清戦争後帰国し、第2次朝鮮革命を指揮していた。彼は開化人士である兪吉濬《ユギルチョン》を同志と考え閔妃殺害を議論したが、兪吉濬はそれを高宗に密告してしまった。

この時日本へ逃れ、九死に一生を得た朴泳孝は日露戦争が終わる1905年まで朝鮮へ帰れなかったので、これは1884年に続き彼の2度目の亡命となった。常に日本軍と共に朝鮮革命を試みたが、日本軍が敗退するたびに日本に逃れなくてはならなかった朴泳孝の政治家としての歩みは、当時のアジア諸国に生きる革命家の運命を代弁している。日本は当時の東アジア地域において唯一の「革命基地」だったのである。

日本に亡命した後にも朴泳孝はあきらめなかった。彼は日本政界の実力者と会い、朝鮮に残っている同志と大院君に密使を送り、明成皇后除去の必然性を説得し続けた。大院君がことにあたって政治的な盾となり世論を管理し、日本側は軍事行動を受け持ち、それぞれの役割分担が成立した。多くの朝鮮の革命家が日本軍行動隊に参加した。

1895年8月20日未明、革命軍は景福宮（王宮）を奇襲した。当時景福宮は米国の退役陸軍少将ウィリアム・ダイー将軍隷下500余名の警備隊が守っていたが、緻密に準備した革命軍は数時間の戦闘の末、ダイー将軍の守備隊を撃破し景福宮を掌握した。革命軍によって景福宮が包囲されると明成皇后捕捉班が王宮を捜索した。まもなく女官たちの中に変装して紛れていたところを発見される。明成皇后はひざまずいて命乞いをしたが、革命軍は彼女を殺害し死体を焼いた。

この日未明、革命軍の景福宮攻撃と時を同じくして、大院君はソウル市内に次のような内容の檄文を掲示した。

近年、閔妃を中心とする一派が善良なる者を排斥し、狡猾なる者を用いて維新の大業を中断した。ゆえに500年の宗社（国家）は一刻の猶予もなき危機に直面している。余は宗臣（王族として官職についている人）としてこれを座視できない。したがってこのたび入闕《にゅうけつ》して大君主（王のこと）をお守りし、邪悪な輩を追い出し、維新の大業をなして500年の宗社を守ろうとするものである。民は案ずることなく生業を守り、軽挙妄動してはならない。万一、民と軍人のなかに余のゆくてをさえぎる者あらば、これは大罪ゆえ、後悔なきようにせよ。

（『親日派のための弁明』より）

朝鮮と日本が組んだから「ロシアの餌食」を免れた

この乙未事変は1894年に続く第2次景福宮クーデターであり、改革派の立場からは危機に陥った朝鮮革命を救い出す必死の試みであった。この第2次革命の成功で、朝・日連合の革命勢力は明成皇后と親露派を除去し革命政府を再構成できた。さらに朝鮮を予防線としてロシアの南進を阻止でき、日本は国力を養いロシアを牽制する時間を稼ぐことができた。朝鮮が明成皇后ら守旧派によって掌握されたままでは、日本の運命も風前の灯火同然である。当時ロシアはシベリア横断鉄道を建設することに全力を挙げていたが、この鉄道は間違いなくロシアの東アジア侵略軍を輸送するために作られたものである。従って正規軍でロシアなど三国連合に立ち向かえなかった朝・日連合は朝鮮革命の橋頭堡を守るために、小規模のゲリラ戦で敵を除去する方法を選んだ。これは当時としては最善の方法であった。

失脚した金弘集は再び総理大臣となり政権を掌握し、兪吉濬、鄭秉夏《チョンビョンハ》、趙義淵《チョヒイヨン》ら改革勢力が続々と入閣し、中断していた改革を進めていった。この間、高宗は革命軍の人質となり、日本軍訓練隊が守備する景福宮に監禁されていた。

しかし半年が経ち1896年2月、米国公使アーレンとロシア公使ウェーベルはある日の未明、高宗を景福宮からこっそり連れ出しロシア公使館へ逃げ込んだ。これを俄館播《アグァンパ》遷《チョン》（ロシア公使館へ朝廷を遷すこと）という。以来、高宗はロシア軍の警護の下、ロシア公使館で新しい政府を作り、金弘集、兪吉濬ら革命政府の閣僚をことごとく殺害せよと命じた。高宗が景福宮を脱出した日の朝、播遷の報を聞いて高宗に謁見するためロシア公使館へ向かった総理大臣金弘集は、光化門（景福宮の正門）前で警察に逮捕され、暴徒に取り囲まれ凄惨な最期を遂げた。暴徒は金弘集を殴り殺した後、手足を縛ったまま死体を蹴飛ばし、光化門から鍾路（ソウルの大通り）まで犬のように引きずって行き、鐘閣（鍾路の一角にある鐘楼）に放り込んだ。公式に朝鮮半島から撤退した日本はこのような朝鮮革命の失敗をただ座視するしかなかったのである。

※三国干渉　1895年日清戦争に勝利した日本が下関条約により遼東半島を獲得すると、自国の中国進出の不都合と考えたロシアがドイツ、フランスを誘い、日本に清への返還を要求した事件。国力で劣る日本は遼東半島の返還を決定し、代償として庫平銀3000両（約4700万円）を獲得。ロシアはその後、遼東半島南部の旅順・大連を租借し、鉄道の敷設権を獲得した。

「亡国の女帝」はなぜ「韓国版・ジャンヌダルク」となったのか

閔妃ブームを利用した反日本が50万部を突破！

今後の日韓関係において、閔妃（以下、この呼称を使用する）殺害事件に対する評価は大きな意味を持つ。この事件がもし韓国側で主張する通り「108年前、日本公使がならず者を動員して朝鮮の王宮に乱入、国母を殺し強姦した事件」ならば、日本は韓国と北朝鮮に対し、拭い去れない罪を犯したことになる。さらに、最近海外でも公演されたミュージカル『明成皇后』で描かれたように、その王妃が外国勢力に対抗して朝鮮の自主独立に邁進《まいしん》した救国の希望だったとすれば、その罪はさらに大きい。そしてほとんどの韓国人は反日教育と反日メディアのせいでこのような認識を持っており、そのような残酷な犯罪について謝罪しない日本を憎悪しているのだ。

しかし、もし閔妃という人物が一身の栄達のために朝鮮の改革と発展を妨げていた元凶で、日本より早く朝鮮の改革勢力が閔妃殺害を企てていたならば、そしてそれが朝鮮を救う唯一の道だったならば、日本は朝鮮の改革と発展のために貢献した友であり恩人となるのだ。そして歴史的事実は後者にある。だからこそ韓国人がこのような新しい認識を持つようになれば日本を愛するようになるだろう。つまり108年前、朝鮮の首都で発生した悲劇的な事件について考察することは、単に過去を回想することではなく、日韓関係の現在と未来のために非常に重要な意味がある作業であると言えよう。

近年の閔妃ブームと関連して、2001年、韓国では反日感情を巧みに利用した小説がヒットした。『皇太子妃拉致事件』というタイトルのこの小説は、2人の韓国人が東京に潜入、日本の皇太子妃を拉致するところから始まる。この本を書いた金辰明は10年前、南北朝鮮が日本と戦争をして最後は日本に核兵器を発射するという内容の小説（『ムクゲノ花ガ咲キマシタ』）を書いた人物。この小説は非常に幼稚なものだったが、当時韓国で200万部以上売れ、映画化もされている。2001年の『皇太子妃拉致事件』も50万部以上売れるベストセラーとなった。反日感情を金儲けに利用することは今も昔も韓国で最も〝割がよい〟商売だ。同書の内容を要約すると以下のようになる。

《歴史教科書をめぐって韓国と日本が激しく争う中、皇太子妃が韓国人に拉致される。犯人の目的は皇太子妃を人質にして、日本政府から過去の閔妃殺害事件の決定的証拠を入手することだった。その証拠品は「435文書」、閔妃殺害事件の詳細が記録された文書だった。日本政府が保管していながらいつからか消えてしまったこの文書を韓国人は執拗に追っていた。日本の田中刑事は435文書を提供しなければ、皇太子妃を殺害するという犯人の脅迫に屈し、苦労の末、文書を手に入れて犯人に渡した。

やがて歴史教科書問題をめぐる最後の審判の日がやってきた。韓国側弁護士は証拠資料がなくそれ以上押し通すことができない状況に陥り、日本側は意気揚々となった。しかし次の瞬間、犯人の2人と皇太子妃が法廷に現われた。拉致していた間、犯人たちは皇太子妃をきちんと保護し、政治外交学を専攻した皇太子妃は435文書を読んで自ら犯人に協力することを決心していた。皇太子妃は韓国側証人として日本側と対立し、真実を明らかにしようとする。皇太子妃という称号を捨てて435文書を日本人の前で読み上げ、間違った歴史を改める賢明な世界人の姿を見せる》

この本に登場する「435文書」には日本の浪人たちが閔妃を殺害した後、屍姦《しかん》したという証言があり、これが日本の歴史歪曲を立証する決定的な証拠となるという内容である。ところでこの本の目的は、ストーリーの面白さというより、閔妃の凄惨な死を屍姦に到るまで詳細に描写することによって韓国人の憤怒を刺激しようというところにあるようだ。

国母が凄惨な死を遂げどんなに無念か、日本の皇太子妃はどれほど明敏で勇気があるか、閔妃ももし生きていたなら日本の皇太子妃のようだったろう、というメッセージを伝えているのだ。

このように単純に韓国人の原初的な憤怒を刺激する試みは非常に効果的である反面、当時の朝鮮社会をありのままに理解して韓国人が真実に近づくことが容易でないのがわかる。

朝鮮王も畏怖した閔妃の残虐性と浪費

朕《ちん》が位について以来32年が過ぎ、治化（善政で国を治め国民を教化する）が至らないのは、皇后閔氏が親戚を引き入れ、彼らを左右において朕の耳目を塞ぎ、人命を迫害し、政令を乱し、官職を売買したためだ。閔妃の虐待は天まで昇り周囲に詐取が起き、宗社（宗廟《そうびょう》と社稷《しゃしょく》）は危ういほど傾き、礎石を保つことができない。朕が閔妃の極悪無道な事実を知りながらも、罰を下せないのは朕が不明であることにも理由があるが、かの一党が恐れてのことなのだ。（中略）閔妃の罪悪は実に天地にみなぎり、二度とは宗廟を継げない、我々王家の習わしによって閔妃を庶人に廃すものである。

（『梅泉野録』黄玹《ファンヒョン》、教文社、1994年）

これは閔妃の死んだ数日後に、朝鮮国王・高宗が発表した勅書である。前述したように、閔妃殺害事件は事実上、朝鮮革命勢力の第2次クーデターだった。その後、高宗は革命勢力の人質となり、景福宮に軟禁されていたので、この詔書は当時の改革派の意志を反映していると見るべきである。歴史家である黄玹は「この詔書が高宗の意見から出たものではなかったにせよ、当時の人々は実情を記録したものだと証言している」と記している。つまり、たとえこの詔書が高宗本人によって作られたものでなくとも、その内容は当時の世論の支持を受けていたという意味だ。これは閔妃殺害が朝鮮内でも広く支持を受けた正当なクーデターだったことを物語っている。

事実、閔妃はその政治的な性向から、改革に激しく抵抗した反逆者であったが、人格的にもそれほど肯定できる人物ではなかった。閔妃は王妃になって以来、高宗の愛妾たちをことごとく捕らえて拷問したり殺害したと伝えられている。当時の宮中の権力は王妃が管掌する内命婦《ネミョンブ》（宮中の女官）と王が管掌する外命婦《ウエミョンブ》（王族の娘、妻、高官の妻の総称）に分かれていたが、王といえども内命婦のことに関与できなかった。従って皇后には王と同衾《どうきん》する女官たちを拷問したり殺害する権限もあったということだ。閔妃は高宗の愛妾たちに性器を火で焼く宮刑を加え殺したが、なかには高宗の哀願により死を免れ、王宮を追い出された女官もいた。閔妃は高宗の愛妾たちを虐待することで高宗を掌握したのである。閔妃は無知で欲深く利己的だった。彼女はあらゆる心配事を迷信に頼って解決した。かつて閔妃は2歳になる自分の息子（後の朝鮮最後の王、純宗）を世子にするため清国に銀2万両というとんでもない賄賂を贈った。息子が清国から世子の冊封《さくほう》を受けた後は、金剛山（江原道にある名山）の1万2000の峰ひとつひとつに1000両のカネと米1石、絹織物1疋《ぴき》を捧げ、世子の無病長寿を祈った。国庫金1200万両を迷信に使ってしまったわけだ。当時米1石が1両、牡牛1頭が20両だから、これがどれほどの金額かわかる。いつも宮中にムーダン（巫女）を呼び入れ、儀式がない日はなかったという。腕のいい占い師には即座に絹100疋とカネ1万両を渡すなど、国のカネを湯水のように使った。

閔妃が政権を掌握した後、このような4年間が流れると、朝鮮の国庫は破綻し全ての公務員への支給が途絶えることとなった。以来5年間、朝鮮の文武百官は政府から一文の給料ももらえなかった。禄俸が出ないと官僚たちは利権ブローカーとなって蓄財し、人民の暮らしは日に日に悪化していったが、閔妃だけは違った。閔妃が朝鮮の国政を独占した22年間、閔妃の親戚たちである驪興閔氏《ヨフンミンシ》は朝鮮のあらゆる要職を独り占めし、民の膏血《こうけつ》をむさぼった。閔妃の執権期間中、公職を得た驪興閔氏は2000名を超えたという。

例えるならジャンヌ・ダルクではなく西太后

つまり閔妃は朝鮮の自主独立を願った救国の希望ではなく、朝鮮を滅ぼした亡国の元凶だったのだ。閔妃は決して「朝鮮のジャンヌ・ダルク」ではなく、むしろ中国の西太后と肩を並べる人物であったといえる。西太后は清国末期に48年間も君臨し、中国の改革を妨げた女帝である。

1898年、中国では光緒帝（在位1874〜1908）が率いた改革派によって戊戌変法という改革運動が起きた。しかし変法は西太后によって103日で抑え込まれ、これに加担した改革派はことごとく殺害されるか、外国へ亡命しなければならなかった。以後光緒帝は10年間軟禁されたが、1908年に西太后が死去する前日、彼女が差し向けた刺客によって殺害された。

西太后の生活もやはり贅を極めたものだった。1回の食事は主食60種、点心30種、各種山海の珍味が128種。その食費は1日だけで銀3kgに相当する額だったが、当時これだけあれば5000kg（約60石）の米を買え、これは1万人の農民の1日分に相当した。

衣服は3000箱分を所有し、1日に何度も服を取り替えた。西太后は中国の王宮に電話を設置することを認めなかったが、その理由は電話している相手が膝を屈しているのか、座っているのかわからないからというものだった。西太后は極めて残酷な人物であったことで有名だが、ある宦官の日記によれば、年老いた宦官にミスがあったと言って人糞を無理やり食べさせたという。こんなに悪辣で異常な人間が統治する国家がまともにやっていけるとしたら、それこそもっと異常なことではないか。万一、中国の光緒帝と改革派が1898年に西太后を殺し政権を掌握できたなら、中国の運命は相当違っていただろう。

19世紀末、ヨーロッパ帝国主義の侵略が絶頂に達した頃、世界の潮流に逆らっていた朝鮮と中国、ハワイに共通しているのは（偶然にも）女性が統治していたことだ。朝鮮の閔妃と中国の西太后、ハワイのリリウオカラニ女王は、国家の存亡がかかった重要な時期に改革を妨げ私利私欲をむさぼった人物たちである。ハワイは1893年、革命が起きると改革に抵抗していたリリウオカラニ女王を追放し、1897年にアメリカと合併することで繁栄を享受できた。朝鮮でも1895年、改革派が閔妃を除去することに成功した。しかし朝鮮はロシアと高宗の妨害で改革を成し遂げられず、日本が戦争を通じてロシアを退けて日本の助けで初めて本格的な近代化に着手できた。以来日本と合邦した朝鮮は繁栄を謳歌した。

しかし中国は重要な時期に西太后の除去に失敗したため、その後長い混乱期を経なければならず、近年まで世界で最も遅れた地域のまま残ったのである。ハワイと朝鮮の事例は、自ら発展できない時は近隣の有力なブロックに合邦されることで生存を図るのが当時の弱小国の次善策だったことを示している。

現代韓国人が知らない日本統治以前の奴隷社会

いずれにせよ、死亡当時、全ての朝鮮人にとって呪いの対象だった閔妃が、今になって自主独立の殉教者として華麗に復活した現象は、韓国人が直面しているアイデンティティーの混乱を端的に示すものだ。

韓国人が朝鮮王朝を慕い、日本の統治を受けず朝鮮王朝が継続したなら今日もっと良くなっていると考えるのは、当時の朝鮮の実態についてきちんとわかっていないためだ。特に子供と青少年は、きれいな道ときれいな家、整った身なり、上品な言葉遣いのテレビの歴史ドラマを観ながら、朝鮮もそれなりに立派な社会で、外勢の侵略がなかったならば静かで平和な国家を保てただろうと錯覚する。しかし日本が来る前の朝鮮は、あまりに未開で悲惨だったという事実を知らねばならない。

朝鮮は典型的な奴婢《ぬひ》社会であった。全人口の30%以上が奴婢であり、首都・漢城《ハンソン》（現在のソウル）の場合は人口の70%以上にも及んだ。奴隷はモノのように売買され、主人のため生涯奉仕しなければならなかった。平民や中人《チュンイン》階級は奴婢に比べて若干自由があったが、貴族や官吏たちに略奪される立場にあるのは同じだった。両班とも呼ばれる貴族たちは無為徒食しながら下の階級に対し無慈悲に権力を振るった。ある学者はこのような朝鮮を、20％のヒルが残りの80％の血を吸う構造だと喩《たと》えた。

官職は公然と売買され、官吏は全く仕事をしなかった。１８９４年の改革以降も、首都である漢城府尹《プユン》（地方の官吏）が３か月ごとに交代し、１年の予算の半分が府尹の年俸に費やされたという。官職が頻繁に交代するのは、たった１日でも官職につけば、退任した後にもその地位が一生保たれるためだ。公務員はわずかな権限でも生じればこれを最大限利用して蓄財した。

一例として、朝鮮の成人男性には兵役の義務があったが、現役服務をしない限り毎年布地を納付しなければならない。これを軍布という。官員は生まれたばかりの赤ん坊にも軍布を課し、甚だしくはまだお腹にいる赤ん坊にも課した。全羅道康津のある貧しい農夫は男の子が産まれて13日目に軍布を徴収しに来た官員に軍布のかわりに牡牛を持っていかれた。この農夫は毎年軍布を十分に納められないと思い詰めた挙げ句、刃物で息子の性器を切りとった。その後もう男の子でないから軍布を納める必要がないと主張したという。これは当時の朝鮮人の暮らしがどれほど悲惨だったかを物語る例だ。

〝真実〟を知る朝鮮人は王室再建を望まなかった

朝鮮は当時、世界中で最も未開かつ残酷な社会であり、このような社会が自力で改革を行なって近代化するということは到底考えられなかった。だから、日本が朝鮮に進出しなかったなら、朝鮮は文明の恩恵を受けられないまま世界で一番遅れた地域として残ったことだろう。したがって今日韓国がある程度、民主主義の実現と経済開発に成功し、他の開発途上国から羨望される水準に発展したことは、全面的に朝鮮のために働いた日本人のお陰である。

当時の朝鮮人はこのような事実を熟知していたために、独立以降も朝鮮王朝に対しては何の郷愁も恋しさも持たなかった。だから今日朝鮮の王室を再建することによって、自分たちのアイデンティティーを獲得しようとする一部の韓国人の試みは、まったくもって間違ったことなのである。このような行動の背景には、韓国と日本を離間することで利益を得ようとする集団の意図も存在しているのだろう。しかし、韓国は日本が生み育てた息子のようなものである。韓国人は日本との同質性を回復し、心のこもった友好関係を追求することに自らのアイデンティティーを求めなければならない。

第四章 「東アジア共栄圏」構想

米国が口火を切った「解放戦争の時代」

米国の善悪を議論することは無意味だ

現代は絶対的な価値観が崩壊した、多様性を重んじる社会だ。相手の価値観も自分の価値観もどちらも正しいのだから、互いに尊重しなければならないと我々は教わる。

西欧社会は19世紀の絶対主義から20世紀の相対主義社会へ移行したが、これは偶然にも米国が世界史の前面に躍り出た時期と一致している。

相対主義は20世紀初頭、W・ジェームズやJ・デューイが主導したプラグマティズム（日本では一般的に実用主義と訳されるが、ここでは実践上の有効性を重要視する考えの意で使用）哲学と密接な関連があるが、このような意味において、米国が主導した20世紀西欧文明は、相対主義とプラグマティズム文明にあると言える。

しかしプラグマティズムは完全な相対主義を主張するものではない。相対性を認めることによってより高い次元の客観性を求める。プラグマティズムはこれまでつまらない言葉遊びに過ぎなかった認識論と倫理学を、現実生活での有用性を基準に明確に定立させたという重要な意味がある。それによって哲学ははじめて高いところから降りて地に足を降ろしたのである。

このような世界において正義はすなわち力であり、力はすなわち正義である。生き残り繁栄するのは強いものだが、今生き残っている全てが強いものではなく、真に強いものだけが最後まで生き残る。つまりプラグマティズムの世界では多様な価値観とこれを具現する組織が生まれるが、熾烈な生存競争を繰り広げ、結局もっとも多くの支持者を惹きつけながら最後まで残る価値観が世界を支配する。

したがって現在の米国が正しいかそうでないかを究明することは無益である。米国という存在に対立するだけの国家も人種も階級も存在しない状況で、米国は一時的な絶対善なのである。我々ができることはせいぜい米国がなぜ絶対善になったのか、米国を勝利者にした要因は何かを分析することくらいだろう。

このような米国の勝利はすなわちプラグマティズム哲学の勝利である。環境に適合した形質が栄えるという進化論の原理に従い、今後世界でプラグマティズムはさらに流行するだろう。

日本で極左と見られている韓国の盧武鉉大統領がイラク戦争で意外にも素早く米国を支持した。おそらく戦争に反対していた多くの日本人が驚いただろう。しかし盧武鉉は左翼でも右翼でもない賢明なプラグマティストに過ぎない。

社会主義国に分類される中国、ベトナム、キューバなどでもマルキシズムよりプラグマティズムが上位の統治理念になっている。中国が主張する「社会主義市場経済」がいかに言葉遊びに過ぎないものかはさておき、今日の中国がプラグマティズムの路線を選択したことは明らかである。

冷戦後、イスラムは米国の最大の敵となった。今もイスラム世界は米国と対立し戦っているが、イラク戦争で見たようにその勝敗は明らかだ。

イスラムが西欧のキリスト文明を圧倒した時代も一時期あった。ところが現代はアラーの神がもたらした石油の力にもかかわらず、キリスト文明圏に一敗地にまみれている理由は何か。それはイスラム社会がいまだに古い原理主義への固執から脱皮できないせいだ。イスラム原理主義はイコール絶対主義であり、これが相対主義との生存競争から脱落して久しい。ただその没落が「資源の武器化」というアイディアによって数十年先送りになってきただけのことだ。

米国は〝病人〟を力ずくで〝治療〟した

社会工学は英語で social engineering だが、これは社会を変える技術であると同時に、それが可能だと信じる理念でもある。しかしいまだに不確実な理念だ。

20世紀に徹底した社会工学を試みた社会主義は完全に失敗し、むしろ人間の個性を最大限解放した自由放任主義が勝利した。

社会工学は19世紀のマルクスとエンゲルスから始まった。20世紀にマルクスの理念を実践に移した社会と革命家はあまりに幼稚だったので、失敗は未熟さの結果であるだけで、社会工学の失敗だとは思えない。むしろマルクスの批判がなかったなら、今日の資本主義はとうに滅亡していたにちがいない。

だから現代資本主義がマルクスの批判を受け入れ、そのシステムを統制することによって生存できたということは、マルクスの分析が正しかったことを証明する。

したがって現代資本主義は社会工学と自由放任の妥協点で運営されている。完全に統制しようとすることも愚かで、完全に放任することも愚かだという事実を我々は知っている。

我々が社会について持っている知識は、医者が人間の体についてわかっている程度と一致している。完全な把握というものはなく、わずかに経験療法と対症療法がだんだん精巧になっているというレベルだ。

我々はイスラム社会、特に政教一致の原理主義が支配する社会について完全に理解してはいないが、少なくとも何かが間違っているという事実はわかっている。これは病気の原因や状態について正確にわからないが、少なくともその人が病人であるという事実だけがわかっている医者と同じだ。そのような立場におかれた医者なら患者が抵抗しても、即座に物理的に押さえて病院へ連れていくのが正しいのではないか。米国がとった行動はこの医者のようなものだ。正しくかつ必要な措置だった。

もちろん医者の役割をした米国を非難する人もいる。差し出がましい真似というのだろう。彼らは米国という医者が表面では患者のためであるように振る舞ったが、実際は治療するふりをしながら、財布を奪おうとしていると非難している。

事実、偶然の一致かも知れないが、イラクという患者は大変な金持ちである。おそらく患者が貧しい人だったならば、米国という医者は知らんぷりした可能性が高い。しかしこのような話は重要ではない。いずれにせよ米国が病人に絶対必要な治療を施したという事実には疑いの余地はない。

国家というものはたいへん強力な障壁で、近隣国だからといって他国の内部事情に口出しすることはタブーと見なされている。例えば内政干渉と見なされる行為は最大限自制するのが今日の国際社会の礼儀となっている。これは個人の関係において互いの個性を尊重する慣習と同じだ。こうしてこそ我々は人間社会や国際社会がひとつやふたつの理念と価値観によって支配されるのを防ぎ、個性と文化の多様性を維持できるようになる。未来のための人類の貯蓄のようなものである。たとえいかなる価値観が広まり、力を得たとしても、今後の環境次第でどのようなものが流行するようになるかわからないのだから。

しかし強力な独裁が行なわれ、少数の集団の利益のため多数の人民が搾取される国があると考えてみよう。この支配者たちがただ単に盗賊の群れであることが確実な時、彼らに人民に対する何らの愛情も信念もない時、私たちはそれすらも文化の多様性という観点で放っておかなければならないか。あるいは人類愛とヒューマニズムの精神に基づいて介入して、この国を解放しなければならないのだろうか。これがこのたびのイラク戦争が人類に投げかけた一番重要な問いである。

この20年で証明された西欧型民主主義の正しさ

一つの国家体制というのは数千万、数億の人民が属し、これらの人々に自由と人権、幸福を提供することができたら、国家社会の文化的多様性というものは、あきらめても構わない副次的な価値なのではないか。

私は1980年代にアジア的民主主義という概念をめぐって、シンガポールのリー・クアン・ユー首相（当時）と西欧の人権団体の間で起きた論争を記憶している。

シンガポールは当時明らかに一党独裁国家だったが、リー首相は、「いまだにアジアで西欧型民主主義を行なっている国家はない、西欧型多党制民主主義だけが民主主義ではない」という論理で独裁を合理化した。当時は日本も、自民党の長期政権ゆえに民主主義ではないという批判を受けていた。多党制だけが果たして普遍か、でなければ欧米人の土壌にだけ適用できる特殊な発明なのかという論争を引き起こした。

また韓国と台湾、シンガポールなどがいわゆる「開発独裁」によって経済的に成功していた時期だったので、リー・クアン・ユーの主張はかなりの説得力を持っていた。たとえ西欧型民主主義が普遍なものだとしても、発展途上国には一定期間の独裁が必要ではないかという疑問が生じたのだ。当時は南米のチリも軍事独裁によって経済発展に成功していたから、このような疑問はさらに増幅された。

その後アジアではピープルパワーのドミノ現象が起きた。フィリピン、韓国、台湾、チリで次々と軍事独裁が崩壊して西欧型民主主義が定着していったことで、このような論争にあっけなく結論が出た。人権と自由を保障する多党制議会は全人類に適用可能な最上の発明品という事実が立証された。

しかしフィリピン経済の不振と台湾、韓国、チリの経済の相対的な成功によって一時的な開発独裁の有用性に関する論議は相変わらずくすぶっている。

米国は最初から「イラク解放」を掲げるべきだった

米国は2001年の9・11テロ以後、見えない敵を捜して全世界を駆け回っている。テロ直後、米国の政治体制の特性上、敵を捜し出すことができなければ、たとえ罪のない国家でも米国の報復攻撃の犠牲にされるしかないという見通しがあった。そして実際に米国はアフガニスタンとイラクに侵攻した。

米国がこの両国を侵攻した名分はそれぞれ異なった。アフガニスタンは反米テロリストで、米国情報機関が9・11テロの犯人と名指しした人物の本拠地だったし、戦争の中で実際にその事実が立証されたので特に問題はなかった。

しかし米国がイラクを攻撃するには、もっともらしい大義名分をさがすのが大変だった。ブッシュ政権が2番目の攻撃対象としてイラクを名指ししたことは、フセイン政権が反米テロと密接な関連があるはずだという憶測のためだが、これを立証する証拠はどこにもなかったのだ。以来、大量破壊兵器除去、あるいはイラクの民主化などいくつかの大義名分が浮かんでは消えるなか、米国は国連を相手にした外交戦を展開したが結局失敗してしまった。

結局、米英軍による恣意的な侵略戦争が遂行されつつ、米国の名分は徐々にイラクの解放という方向へ移るようになった。

この時、戦争に反対する国は、米国はもともと他の国の人権には関心がないし、彼らの真の目的は石油利権の獲得にあると非難した。ところがイラク全域を占領した後にも米国は化学兵器や細菌兵器、核兵器の痕跡を捜し出すのに失敗しているから、戦争の名分をめぐって非常に困難な立場に置かれるはずだった。事実そうなっても当然であった。

ところが、戦争が進行するにしたがって、米国がイラクを解放したという点が徐々に明らかになった。フセイン独裁から解放されたイラク人民たちは歓呼し、先を競って独裁者の銅像を倒し、これに唾《つば》した。これによりこの戦争の本当の意味が明確になった。そして米国が主要な大量破壊武器の証拠をみつけられなかったにもかかわらず、むしろ戦争に反対したドイツ、フランス、ロシア、中国などが窮地に追い込まれる不思議な現象が起こった。

米国人たちと参戦軍人たちはバグダッド陥落直後、自分たちが2000万のイラク人たちをフセインから助けたという自負と矜持《きょうじ》でわき立った。彼らのこのような自負は十分に尊敬するに値することで、私はイラク人民たちには祝いの言葉を、解放戦争をやり遂げた米国人たちには拍手を送りたい。長期の軍事独裁を経験した韓国人として私は彼らの喜びがどれほどなのか知っているからだ。

はじめから米国が「イラク解放」という大義名分で戦争を始めたら良かった。それなら米国は戦争をもっと早く始めることができたはずだし、国連の決議をめぐって遅々として進まない攻防に苦しまなくてもすんだはずだ。こんなに良いことをどうして正攻法で進めることができなかったのだろう。

戦争の動機が「生存」から「独裁打倒」に変化した時代

米国がイラクを解放すると言うと、全世界の反戦活動家たちはこれを嘲笑《あざわら》った。米国史上、何の理由もなく他の国家を解放したことはないというのだ。これは事実だ。むしろこれまで米国は世界中で民主主義を破壊して軍事独裁を支援する国家だった。

有名なケースの一つは１９７３年のチリのクーデターだが、当時、米国は民主的な選挙によって執権したアジェンデ政権を戦闘機と戦車を動員してあえなく崩壊させて、ピノチェトという軍事独裁者を権力の座に座らせた。アジェンデ大統領は機関銃を持って最後まで抗戦して戦死した。これは許されない罪であり、米国という国が存在する限りこの醜い罪は永遠にぬぐうことができないだろう。

米国は自国の利益のみのために、チリ以外にもキューバ、ニカラグア、ベトナム、パナマ、ハイチなど中南米の多くの国々で、人民の支持を受ける政府を攻撃して独裁者たちを支援した。また米国は韓国とミャンマーなどアジアでも親米軍事独裁を支援して民主主義運動を弾圧した過去を持っている。

かつては米国はこのように人類社会に非常に否定的な役目をした侵略国だった。とりわけベトナムでの罪によって国内外の非難に苦しまなければならなかったが、1991年の湾岸戦争によってそのようなくびきから逃れることができた。当時イラクは理由もなくクウェートを占領した侵略国だった。国連もイラクを侵略国と規定したし、クウェート解放戦争は朝鮮戦争とまったく同じ様相で進行した。結局米国の主導した多国籍軍はイラク軍を撃退して栄えある勝利を収めたのだ。

いつの間にか米国が変わりつつあるという事実を私たちは見逃していたのではないか。かつての米国の侵略行為、世界の警察という役目は冷戦体制によって強要された側面がある。米国人たちはソ連との核戦争で絶滅するという恐怖に常に苦しんだし、全世界で共産体制と対立して生存をかけた戦争を遂行してきた。したがってこのような絶対目標のために、弱小国の多少の人権蹂躙《じゅうりん》や体制転覆などは容認されてきた。安保とはあらゆる国家にとって最優先の価値である。

しかしソ連は消え、冷戦は終わった。もはや米国の安保を根本的に脅かす国家は存在しない。かつて米国は生存を脅かされたことによって狂っていたかも知れない。これは十分に理解することができる。

冷戦が終わった今、米国がこれまで築いた民主主義とプラグマティズム文明の長所が徐々に浮き彫りになってきている。

米国は史上初めて米国を攻撃しない独裁国家を戦争を通じて解放した。その動機はもちろん9・11テロであり、あるいはエネルギー問題であるかもしれないが、その背景がどうであれ米国によってイラクとアフガニスタンの数千万人が解放されたという事実は変わらない。

どんなに文化的多様性が重要だと言っても、人間性を根本から破壊する独裁体制は人類共通の敵だ。フランス革命で始まったこのような尊い博愛精神とヒューマニズムを私たちは長い間忘れていたのではないか。

「解放戦争の時代」が再び到来しつつある

かつてヨーロッパを解放して自由・平等・博愛の精神を伝播したフランスが今日、いくらかの利害関係のため、独裁者フセインを支援したということは歴史の皮肉である。数千の人間を野蛮な独裁体制から救い出すということは、どんな利害関係も超越する最優先の課題ではないか。

2世紀前のフランスは全ヨーロッパのために解放戦争を遂行し、日本も数百万の犠牲を出してアジア解放のために戦った誇らしい歴史を持っている。冷戦後の世界では、再び解放戦争の時代が始まったのではないか。

こんな視点でアジアを眺めると、私たちは抑圧を受けている隣人の存在に気づく。私たちはチベットを中国侵略軍から解放しなければならないし、王朝体制に呻吟《しんぎん》する北朝鮮の同胞たちを救い出さなければならない。またミャンマーにも軍隊を送って軍事独裁を清算して人民を解放しなければならないだろう。

中国はあまりにも強力で、北朝鮮を解放するのも容易でない。しかしミャンマーは私たちの力で解決することができるだろう。私は近い将来、韓国と日本と台湾の軍隊が力を合わせて、ミャンマー解放戦争を始める日を夢見ている。

このような神聖な戦争は全世界の独裁者たちと侵略者たちに大きい教訓を与え、地球をもっと生きるに値する所に変貌させてくれるに違いない。

駐留米軍撤退も選択肢として考える時がきた

初めて明かされた1994年北朝鮮危機の真相

2003年1月26日、韓国の3大ネットワークの一つである文化放送（MBC）は、衝撃的な内容のドキュメンタリー番組を放映した。『今だから語れる～朝鮮半島戦争危機』というタイトルの番組は、今世界の注目を集めている北朝鮮の核危機を分析する一方で、1994年に全面戦争直前までいった朝鮮半島情勢は当時の韓国大統領・金泳三《キムヨンサム》が故意に煽ったという視点から、それまで多くの国民が知らずにいた事実を紹介するものだった。番組を見た視聴者の反響は大きく、『今だから語れる～』の掲示板（MBCホームページ内）には、あっという間に1000件以上の書き込みがされたほどである。その声の多くが、金泳三への憤りと米国を非難する言葉で満ちたものだった。

2003年2月、北朝鮮の核問題が国際原子力機関から国連・安全保障理事会に付託され、8月には6か国協議も開催された。その一方で在韓米軍の縮小が発表されるなど、朝鮮半島は目まぐるしい動きを見せているが、1994年当時と現在はどのような相違点があるのか、それを明らかにした上で、我々韓日両国民がとるべき戦略を考えてみたい。

北朝鮮の核兵器開発疑惑が持ち上がったのが1989年。米国の情報機関が、北朝鮮が寧辺《ヨンビョン》原子炉付近で新しく作った施設の性格を巡って論争を繰り広げた結果、プルトニウム抽出のための施設だとする結論に到った。この時米国は、北朝鮮に対し国際原子力機関の査察を受けるよう要求。北朝鮮は核兵器開発疑惑を否定して、国際原子力機関の立ち入りを認めず、問題の放射化学研究所についても軍事機密と自主権の問題だと主張し、査察を拒否した。

1993年3月12日には、北朝鮮全域に準戦時体制を宣布し、核拡散防止条約（NPT）から脱退すると宣言。これに慌てた米国は核施設爆撃など軍事的な解決方法と安保理付託など政治的な解決法を論議するようになった。

同年2月に出帆した金泳三政権は、米国のクリントン政権に北朝鮮と直接対話することを強く求め、北朝鮮も米朝間の直接対話を絶えず要求したものの、米国は拒否の姿勢を変えなかった。

その後、韓国政府の公式の要求を受けて、米国はようやく北朝鮮との会談を開始し、10

月に「包括的合意」に到る。

しかし、突然、韓国政府が米朝会談を強力に妨害し始める。政権スタート後、対北融和政策を主張してきた金泳三大統領は、韓国の右翼マスコミによって攻撃を受け続け、同年末、政治的な窮地に追い込まれていた。

右翼マスコミの主張は、北朝鮮が韓国を完全に蚊帳《かや》の外に置いて米国と交渉することは、韓国が米国の植民地だという北朝鮮の主張を認めるのに等しいというものであった。金泳三はクリントン政権に対し、韓国が除外された米朝交渉は無効だと主張し、横車を押すように介入し始めた。苦しい立場に陥った米国は、北朝鮮に対し、韓国と先に対話を通して合意を導き出してその後に米朝間の直接対話が可能だという立場を伝えた。

北朝鮮は仕方なく韓国と対話を始め、南北特使交換のための実務者協議は成果のないまま回数ばかりを重ねた。

米国が予測した全面戦争の〝結末〟

そして1994年3月21日、南北間特使交換のための第8次実務者協議で、韓国代表団は北側代表団に「緊急提案」という名の、きわめて政治的な条件を提示した。その内容は、韓国大統領に対する誹謗《ひぼう》をやめ、韓国民を対象にした反政府闘争の煽動を中止することなどであった。これは核問題には全く関連のない政治的な要求であり、韓国政府が会談を進めようとする意思がないという事実を明白に示すものであった。この時、怒った北朝鮮代表から、「戦争が勃発した場合、ソウルは火の海になり、あなた方も生き残れないだろう」という発言が飛び出した。

当時、米国務省の北朝鮮担当官であったケネス・キノネス氏は、第8次実務者協議直前、金泳三が協議を決裂させよと担当者に指示を出したと証言している。

そして会談決裂直後、国会に出た韓国の国防長官が、「全面戦争が勃発した場合、これを統一の機会にする」と報告していることからも、韓国政府の戦争も辞さない覚悟を確認できる。

つまり当時の韓国政府の立場は、北朝鮮の核危機の平和的解決を積極的に妨害し、安保理制裁と戦争によってこの問題を解決しようというものであるが、金泳三がなぜ突然、「戦争狂」に変わってしまったのかについては未だ不明である。

金泳三政府の妨害工作によって北朝鮮と米国は相手に対する疑義を深めるようになり、次第にソウル、平壌、ワシントンでは穏健派が後退し、強硬派が議論をリードするようになった。

1994年4月、米国務省は在韓米軍司令官ゲーリー・ラック将軍（当時）に全面戦争を想定した戦争計画を立てさせ、ワシントンに報告した。この戦争計画に従い、5月18日、ホワイトハウスでは特別軍事会議が開かれ、第2次戦争計画を最終検討している。

クリントンに報告された内容は、全面戦争が発生した場合の被害を、米軍死亡者5〜10万、韓国軍死亡者50万、民間人死亡者数百万、財産損失1兆ドルと予想したものだった。

核拡散防止条約体制が崩壊した場合、戦争は不可避であるというのがクリントン政権の判断であった。これにより米国は対話の代わりに北朝鮮の核問題を国連安保理に付託し、そこで武力行使の承認を得て、問題を解決する方針を決定した。

この動きを受けて北朝鮮は、安保理制裁や兵力増強は直ちに宣戦布告と見なすと警告し始めた。

しかし既に戦争を決意した米国は、6月16日、ホワイトハウスに最高決定機関である国家安全保障会議（NSC）を招集し、北朝鮮に対する安保理制裁と兵力増強を協議した。国家安全保障会議の決定が下され、この戦争決議を議会が追認すれば、直ちに米国と北朝鮮は戦争状態に突入するところまでいく。

核危機の原因は金泳三の暴走だった⁉

ところがこの会議の途中で、実務責任者であるガルーチ国務省アジア太平洋担当次官補に、訪朝していたカーター元大統領から電話がかかってきたという。

会議参席者は一瞬戸惑ったが、当日、カーターと金日成の会見内容がＣＮＮによって現場から全世界に生中継されたため、事態は後戻りできない状況になった。つまり、クリントン政府は世論に押され、否応なしに北朝鮮との戦争計画を放棄せざるを得なくなったのだ。

元大統領であるカーター氏自身は当時、何の権限も持たない立場であるが、米国政府の意思決定システムを熟知していたために、単身で北朝鮮に入り、金泳三によって中断された米朝直接交渉を再開したのである。

その後、米朝は１９９４年10月にジュネーブで包括的な合意文に署名し、第１次核危機は峠を越えた。しかし、この時に交換された合意文は１年前の米朝合意の内容と全く同じだったのである。

結局、当時の核危機は初めから終わりまで、戦争の危機を利用して自分の政治的な立場を強化しようとした金泳三の陰謀のせいであったという事実が証明されたことになる。

しかし一方で、金泳三は自分の回顧録とマスコミのインタビューを通し、１９９４年夏、自分が北朝鮮を爆撃しようというクリントンに強く抗議し、戦争を防いだと語っている。自分がそうしなければ数百万が死んだだろうというのだ。まったく開いた口がふさがらない。

10年の月日は北朝鮮の力を削ぎ落とした

２００３年1月10日、北朝鮮は核拡散防止条約脱退を宣言した。10年前の１９９３年３月と似た状況であるが、当時は脱退すると宣言しただけで、実際には脱退しなかった分、現在の状況は10年前より悪い。さらに現在の米国は対テロ戦争を繰り広げているだけに、戦争の危険も高い。

その中にあって幸いなことは、10年という時間の中で起きた〝変化〟である。

当時、韓国では数百万の金日成追従者が左翼運動を掌握していたから、北朝鮮が戦争を始めたらすぐに韓国内部に数十万名の共産ゲリラ部隊が出来上がる状況だった。その頃、朝鮮労働党の直接統制を受けていた韓総連（韓国大学総学生連合）は独自の軍事訓練を繰り広げ、大々的な武装蜂起を準備していた。

しかしその後、大きな変化があった。ドルベースでの韓国の経済規模は１９９４年当時の１・５倍になったが、北朝鮮は容赦ない食糧難と経済危機に苦しみ経済規模は40％ほど縮小した。それに伴い軍事力も低下する中、兵器は錆びつき稼働しないものが大部分である。

第二章で紹介したように、韓国の主体思想派もほとんど絶滅し、金正日が指令したとしても共産ゲリラとして蜂起する人員はそれほどいないだろう。つまり、今は韓日米連合軍が北朝鮮に対し解放戦争を敢行しても、最小限の被害で目的を遂げることができる状況となった。

北朝鮮の核に過剰反応を見せるホワイトハウス

とはいっても数万名の死亡者と数百億ドルの財産被害が発生するだろうから、韓国と日本の国民は核問題を戦争ではなく平和的に解決することを望んできた。一方で、ブッシュやラムズフェルド（米国防長官）ら「軍産複合体の代理人たち」が掌握している米国政府の立場は全く違う。彼らはクリントン前政権の考えとは大きく異なり、北朝鮮の核問題についても戦争による解決をも辞さない強硬な態度を見せてきた。

特にブッシュ政権はその就任以来、死活をかけて推進しているミサイル防衛網の実戦配備のため、北朝鮮の核ミサイルの脅威を誇張して喧伝している。ソ連が崩壊して久しい今日、米国が〝悪の枢軸〟北朝鮮に、ソ連に代わる悪魔の役割を請け負わせている側面は否定できない。

現在の北朝鮮は、金正日体制の維持に執着する一方で、領土的野心や他国への政治的介入の意思は希薄である。どう考えても米国が危機を感じる存在ではないのに、最近の米国メディアは北朝鮮がまるで過去のソ連と同じ核ミサイル製造能力を持ち、配備しているかのように報道している。これらの報道によれば、このまま放置した場合、米国本土へ核弾頭を搭載した北朝鮮のテポドンミサイルが飛んでくるというのだ。ソ連と中国のミサイルは潜在的な脅威であるが、北朝鮮は目の前の危機というのが彼らの主張である。その能力についても、2002年2月12日にテネット米中央情報局（CIA）長官が「北朝鮮は米西海岸に到達可能なミサイルを保有している」と発言したが、北朝鮮の核問題が安保理に付託されることが決まったタイミングに発表されるあたりにも、きわめて政治的な匂いを感じるのは私だけではないだろう。

攻撃する米国ではなく、韓日が被害を受ける不合理

クリントン政権時代、ミサイル防衛（MD）計画は、3回の実験のうち2回失敗したことから、現実的には無力であることが立証されているのに、ブッシュは再びこの計画を推進している。ミサイル防衛が実戦配備に成功したあかつきには、2兆ドルの軍需をもたらすといわれるくらいだから、ミサイル防衛が稀代の詐欺劇であるかどうかはブッシュにとってさほど重要な問題ではないのだろう。

大気圏外から数個の子弾に分かれ、音速の10倍の速度で下降する核弾頭をレーザーやミサイルで迎撃するという発想は技術的に一顧の価値さえない。さらに一部を迎撃できたとしても核弾頭の製造費用より迎撃システムの価格のほうがはるかに高いから、より少ない費用で迎撃ミサイルより多くの核弾頭を保有することができる。

戦略防衛構想（ＳＤＩ）や戦域ミサイル防衛（ＴＭＤ）という概念が誕生したレーガン政権時代から、学者たちがこれらを「史上最大の詐欺劇」だと断言してきた所以である。しかしながら、それが詐欺劇だとしても、莫大な政府支出が実現すれば、防衛産業を中心に多くの雇用を創出し、景気浮揚効果がある点は否定できない。このような理由から、ホワイトハウスと議会を握っている共和党はミサイル防衛を結局は実戦配備することになるだろう。

彼らは、その過程において北朝鮮の核ミサイル危機を大袈裟に喧伝し、必要に応じて北朝鮮の武装解除を口実に先制攻撃を始める可能性が高い。

これは、韓国や日本の意思にはお構いなしに米朝間の戦争が勃発することを意味する。米国の先制攻撃によって、北朝鮮が米国に宣戦布告すれば米軍に基地を提供している韓国と日本も北朝鮮の攻撃対象になるのは明らかだ。北朝鮮には、現時点において、グアムやハワイ、米国本土を攻撃する能力はほとんどない。その場合、日本は地理的に韓国より遠いが、北朝鮮が同族である韓国への攻撃を避けて、日本に対して攻撃を集中させる可能性も十分に考えられる。

米朝関係を軸にした以上の分析から必然的に導かれる結論、それは北朝鮮の隣国に駐留し、不必要な威嚇・挑発を続ける米軍（在韓米軍と在日米軍）は安全保障を担う役割を果たしていると同時に、日韓両国に脅威をもたらしているという事実である。１９５３年に結ばれた韓米相互防衛条約によって、戦時に在韓米軍司令官が韓国軍を含む全ての作戦権を行使するよう編制されている韓国の場合、駐留米軍のもたらす悪影響は日本以上に深刻かも知れない。

さらに、軍事的駆け引きが様々な政治的なカードの一つとして駆使される現代においては、どちらが先に戦争を始めたのか判断するのが難しい。石破茂防衛庁長官が国会で発言（２００３年１月）したように、北朝鮮がミサイル発射準備をしている時点での先制攻撃もそれなりの正当性をもちえる。

逆に、北朝鮮サイドが米国による経済封鎖や兵力増強を事実上の宣戦布告とみなして先制攻撃を敢行する可能性も否定できない。

朝鮮半島を巡るこれまでの危機と今回のケースが大きく異なる点は、ハイテク兵器で武装された米軍に北朝鮮が戦争に勝利する可能性は「ゼロ」だということだ。もし米国の攻撃を受けることになれば、北朝鮮の敗北は目に見えている。

米軍が身を挺して韓日を守ることはない

彼らの唯一のカードは、敗戦前に最大の報復を加えることくらいである。それだけにミサイル攻撃や特殊部隊による重要施設の急襲など、死にもの狂いの抵抗が展開され、甚大な被害が出ることも予想される。

繰り返しになるが、米軍が駐屯する、米軍基地があるという理由だけでも、日本と韓国は北朝鮮の反米抗戦においてもっとも有力な攻撃対象となる。米国が「単独で」北朝鮮を先制攻撃する場合ですら、韓国と日本が最大の被害を受けることを両国民はもっと理解すべきだろう。

そうしたリスクを踏まえて総合的に考えると、在韓米軍と在日米軍にはもはや撤収してもらうのが〝最善の策〟である。彼らが有事に身を挺して駐留国を守るというなら話は別だが、彼らは最終的な助けにはならないどころか、むしろ、韓国と日本の安全保障にとって、最大の不安要因となってしまっている。

今の状況では、米国の一方的な軍事・経済的利害のために朝鮮半島が戦火に包まれ、韓国と日本は望まない戦争に巻き込まれる可能性が高い。これはブッシュ政権が誕生した時点からある程度予想されてきたことだが、9・11テロが発生し、米国が世界のあちこちでいわゆる「ならず者国家除去戦争」を敢行している今では現実となる可能性が非常に高いシナリオとなった。

今後、韓国と日本は、米国の自尊心を刺激しない形で丁重に米軍にお引き取り願って、同時に軍事的な分野での独立をいかにして達成するか、少なくとも依存度もいかにして減らすか、その具体的方法を研究しなければならない。

日本再武装こそアジア安定化の「最善策」

韓国のネットに氾濫する自衛隊中傷記事

「発射できません」

陸上自衛隊にはＭＬＲＳという兵器が存在する。この名称は、多連装ロケットシステム（Multiple Launch Rocket System）の略で、装甲車体に強力なロケットを12発搭載して縦横無尽に動き回り、発射する兵器である。とにかく相当の威力があり価格も高く、本当に優れた兵器だといえる。ちなみに米国製で駐韓米軍も保有している。

陸上自衛隊がこのＭＬＲＳを携え、米国へ訓練に行った。えっ、なぜ訓練を米国でするかって？　もともとそうなのである。国内で訓練すると言えば「うるさい」としつこく抗議されるらしい。だから富士山麓に立派な演習場を作っても、一年に何度も訓練できない。ある時には警察が、訓練に向かう自衛隊の戦車に違反切符を切ることもあるという。本当にお笑いにもならない。

いずれにせよ訓練をするのだが、この日は米軍や自衛隊以外にも、全世界から地位の高い人々がたくさん来て参観していた。彼らが見守る中、日本自衛隊がＭＬＲＳ発射試験を見せるというのだ。いよいよ自衛隊将校が命令を下した。

「発射！」

ところが、どんなに待っても発射されなかった。再度命令を下す。「発射！」それでも発射されなかった。とんでもない恥さらしだ。怒った自衛隊将校が下に飛び降り、事実を確かめる。しかし時すでに遅しだった。

ＭＬＲＳはコンピュータで操作する先端技術の粋を集めた兵器だ。内部には英語のプログラムが組み込まれている。ドイツや韓国ではそのまま英語を使うのに、自衛隊は「それではつまらない」と、それを日本語プログラムで組み直したという。ところがそのプログラムが文字化けしてしまってエラーが起こったのだ。

これは最近、韓国のインターネットで見つけた『自衛隊シリーズ』(http://iloveglay.com.ne.kr/jda.htm) というサイトに掲載された笑い話の中のひとつだ。

このサイトは陸上自衛隊編、航空自衛隊編、海上自衛隊編に分かれていて、事実に基づく話として掲載されている。これらすべてが「軍隊でもないのに軍隊のまねをする」日本の自衛隊を嘲笑する内容である。

自衛隊の名誉のためにいえば、彼らが米国で射撃演習を行なっているのは、国内では長射程の兵器の射撃場がない上に、走行間（移動しながらの）射撃が許されていないからである。

また、搭載電子機器の不具合は、導入時の「運用試験段階」で入念にチェックされるため、渡米訓練時に初めて発生することは考えにくい。

さらに戦車は一般道の走行が許されておらず、演習場までは大型トラックに載せられて移動するため、戦車自体が違反切符を切られることはありえないことだ。そもそも、MLRSは米国によって開発されたが、日本においてはIHIエアロスペース社がライセンス生産を行なっているため、自衛隊もその運用には十分に精通している。

掲載されている話は、おそらく自衛隊について、十分な知識をもたない韓国人が作ったものと思われる。しかし、韓国のインターネットサイトには、自衛隊に関するこうした流言飛語の類が溢れている。悪意や揶揄《やゆ》に満ちたものが多いが、興味深いので同シリーズの他のものも紹介しよう。陸上自衛隊編には「発射できません①②」と「銃はどうやって撃つんだったっけ?」「それはみな捨ててしまいました」の4話がある。それぞれがMLRSと90式戦車、87式自走高射機関砲などの最新兵器を扱っている。

「発射できません②」は、90式戦車は韓国産K1A1と似た性能を有しているが、値段が3倍も高い上、やはり試験射撃時に自動装填装置が故障して発射できなかったという話(開発段階や導入時にはありうることだが、それはどの国でも珍しいことではない。ましてや90式戦車はドイツ製ラインメタル社の120㎜滑腔砲を採用しながら、ドイツ本国でも行なわれていなかった自動装填化を成功させており、開発段階でのこうした故障は何ら不思議なことではない)。

「それはみな捨ててしまいました」は、陸上自衛隊が国産化した87式自走高射機関砲と旧式40㎜ボフォース高射機関砲を交換しようとしたが、1台当たり15億円もするため購入できなくなり、また旧式対空砲を探しているという話だ(実際には87式は北海道に集中配備されている上、さらに対空能力を強化するために87式自走高射機関砲の後継機種を検討している。旧式対空砲を探すようなことは100%ありえない)。

「銃はどうやって撃つんだったっけ?」は、自衛隊経歴30年の1佐が銃を撃つ方法を忘れてしまったという話だ(間違いなくジョークであろう。射撃や操縦については技量維持のための教育プログラムが組まれている)。

軍隊でない軍隊が国家でない国家をもたらした

これらの話は事実に反するものだが、海上自衛隊編で紹介されたある話は、1996年の「リムパック（日米合同演習）」訓練で実際に起きた出来事を笑い話として描いている。当時、海上自衛隊の護衛艦「ゆうぎり」で射撃訓練中、高性能20㎜機関砲で曳航標的を引いて飛んでいた米軍のA－6Eを撃墜してしまったことがある。この時は海上自衛隊がパイロット2名を救出し謝罪を行なった。米軍は「訓練中のこと」と問題にせず、たんなる事故として処理されたのだが、このサイトでは、自衛隊の「恥」だと大きく取り上げている。

しかしこれをもって自衛隊の装備や練度を笑うことはできない。もちろん演習や試験において、初歩的な欠陥が露呈したケースは、他国同様存在する。

4～5年前と記憶しているが、富士総合火力演習で一般観衆の前に登場した74式戦車が実弾射撃をせずに、会場を後にしたことがあった。これは、演習の前に主砲のトラブルがあったため、同車の実弾射撃が不可能だったことによる。

また、2001年には、北海道の射撃場で対地攻撃訓練中のF－4戦闘機から20㎜機関砲弾（訓練弾）が勝手に飛び出して民間施設に駐車中の自家用車を破壊してしまったこともある。これは結局、電気系統が原因の不具合と診断された。

しかし、相対的にみれば、他の先進諸国と比べても自衛隊の装備や練度は高いレベルにあるといえる。むしろ自衛隊の抱える問題は、それ以外のところにあることを日本人（と韓国人）は認識しなければならない。

２００２年10月、日本で『宣戦布告』（原作／麻生幾）という映画が公開されたが、その上映の是非を巡っては、水面下で1年以上に及ぶやりとりがあったという。北朝鮮を刺激するかもしれないという憂慮によって政治家から圧力がかかったというが、こういう国を果たして「国家」と呼ぶことができるのか疑問である。

映画でも描かれた、侵略されても戦争（積極的攻撃）をしようとしない日本政府の姿勢は、歴史教科書や映画をはじめ、あらゆる事柄について周辺国の顔色をうかがう卑屈な日本を作り出している。誰が日本を大国と言ったのか。現在日本は圧倒的な経済力をもつ一方、単独では何も決定できない国になっている。自衛隊はいまだ軍隊ではないという詭弁がまかり通っているが、軍隊でない軍隊は結局、国家でない国家をもたらしたのではないか。

敵からの攻撃を受けるまでは領空侵犯されても手を出せず、軍法会議がないから敵前逃亡した兵士が罰せられることのない軍隊は、どんなに優秀であっても「張り子の虎」に過ぎない。

映画『宣戦布告』は、陸上自衛隊が潜水艦で侵入した北朝鮮の特殊部隊を紆余《うよ》曲折の末、全滅させるという話。しかし実際にこのようなことが起きれば、恐らく陸上自衛隊はその16万の兵力を投入しても、彼らを掃討できないだろう。

もし自衛隊が北朝鮮特殊部隊と戦わば……

北朝鮮の特殊部隊は韓国の特殊部隊よりはるかに優秀で生存能力が高い。1996年、韓国では実際に、潜水艦で潜入した北朝鮮特殊部隊に対し大規模な制圧作戦が繰り広げられたことがある。この時、数か月間、途方もない兵力を動員した掃討作戦をもってしても彼らを全員射殺することはできなかった。韓国政府では2人を除いて全員死亡したと発表したが、恐らくこれをそのまま信じた人はいないだろう。北朝鮮の人民武力部偵察局海上処22戦隊所属と判明した彼らは、厳しい韓国軍の包囲網をかいくぐってゆうゆうと休戦ラインを越えて帰還したに違いない。このように世界最高水準の軍隊である韓国軍も北朝鮮の特殊部隊には歯が立たない状況だ。

ましていくら映画とは言っても、軍隊としての条件を多分に欠いた自衛隊が、北朝鮮の精鋭特殊部隊を短期間に制圧するという設定に無理を感じてしまう。恐らく実際にこういう事件が発生した場合、日本全域は1個小隊（30名程度）の北朝鮮特殊部隊だけで大混乱に陥ってしまうだろう。

自衛隊はその名前が示すように、絶対に他の国を攻撃せず最小限の防衛だけをするという軍隊だ。だがこのように法的に軍隊としての扱いを受けられない軍隊であるゆえに、最小限の防衛能力も喪失している。

韓国や中国などは自衛隊を事実上の軍隊として見ている。1980年代に導入されたF－15戦闘機やP－3C哨戒機などの自衛隊の最新装備と、下士官が最も多い陸上自衛隊の兵員組織などからみて、有事に強力な軍隊への変身が可能であるからだ。後者については若干の補足が必要かもしれない。

陸上自衛隊の世界的特徴は、下士官（陸曹）が多いことであり、これによってわずか3か月で強力な陸軍をつくることができるとされている。通常、新兵教育には3か月を要するといわれている。これを育成するのが下士官であり、日本は徴兵制を敷いていないため、兵隊を教育し戦闘を指揮する下士官の育成に力を入れている。『防衛白書平成15年版』によれば自衛隊の現在の階級別人員構成は、幹部＝将校が4万2174名、曹＝下士官が13万8202名、士＝兵が5万4448名となっている。これは他国から大きな潜在能力と見なされても不思議ではない。

しかし、日本の法律と日本国民の意識が自衛隊を軍隊として認めていないために、運用面でがんじがらめに縛られた自衛隊は、軍隊としての実際的能力はほとんど持っていないといえる。

米軍の保護がなければ、日本は（渡航・上陸能力さえ備えれば）北朝鮮や韓国のような小国の軍隊にも容易に占領されうる状態だ。日本は終戦後、米国の傘に隠れて静かに過ごしてきた。同時に日本人は自ら戦犯国として今後は何もできないし、してはならないという意識を持ってきた。

そろそろ「米国の財布」を卒業せよ！

歳月が流れ、冷戦は終わり、世界情勢は大きく変わった。ソ連を受け継いだロシアは米国の同盟国になり、孤立政策をとっていた中国も門戸を開放した。しかし永遠の平和が訪れたわけではない。世界情勢は冷戦時代より複雑化し、今後の予測も不可能だ。

しかし冷戦後の世界において、最も大きい脅威が中国であることは間違いない。中国政府も遠からず米国を圧して世界秩序の中心に立つという野心を隠さずにいる。このような状況で米国をはじめとする周辺国は、これから日本が「普通の国家」として普通の軍隊を保有することを希望している。

少なくとも日本が自国の防衛くらいは自らの手で受け持ってくれることを願っている。

日本がマッカーサー率いる占領軍によって作られた、いわゆる「平和憲法」を修正して、正常な軍隊を保有した正常な国家に生まれ変わるならば、米国と全世界の友好国は日本を国連の6番目の常任理事国に推すだろうし、ロシアと中国も反対できないだろう。国連の常任理事国とは、文字通り、常任「理事」として世界の運命に責任を負う国家をいう。

日本はこれまで周辺国の事態に干渉せず、おとなしく米国の財布の役割だけを果たしてきた。しかし、アジア経済において圧倒的な地位を占めている日本が、この地域の安全保障のために何の責任も果たさないというのは、周辺国からみて道義上容認しがたい。

日本が後ろ手に縛られている間、中国はこの地域で誰も制御できないチンピラ国家に成長した。中国は独立を望むチベットとウイグルの住民、さらには独立運動家を虐殺し、台湾を威嚇し続けている。また命がけで北朝鮮を脱出した難民をことごとく逮捕、送還し続けている。東南アジア地域では優位な軍事力を背景に、資源の宝庫である南沙群島を取り上げている。

すなわち東アジアの現況は、図体の大きいチンピラ一人が刀を持って勝手気ままに略奪行為をしているのに、誰もどうにもできなくて傍観しているという構図だ。

したがって日本が再武装し東アジアの盟主として、また国連常任理事国として責任と義務を果たすことは、日本自身だけでなく東アジア地域全体のために必要なことなのである。

「軍事大国＝経済大国」という現実を直視せよ

軍事費の適正規模は「GNP比3％」

１９８０年代中頃、日本では在日米軍を撤退させるべきだという世論が沸き上がったことがある。この時、中曽根康弘首相（当時）は「番犬論」を展開して米国側に立った。彼の論理は、在日米軍は日本を守ってくれる忠実な番犬のような存在であるから、無理に追い出す必要がないというものだった。

一方で日本が達成した経済的繁栄については、かねてから「西側陣営の一員として米軍の傘の下にいたために、浮いた軍事費を経済開発や社会福祉に回すことができたからだ」という主張がある。そういう側面があったことは否定できないだろう。事実、冷戦が熾烈であった１９６０～80年代の30年間、先進諸国は毎年途方もない軍事費を支出していた。米国はレーガン大統領在任中、ＧＮＰ（国民総生産）の７％程度を軍事費として支出し、ソ連（現ロシア）の場合は20％を超えていたと推定されている。当時、超大国にとって軍事力強化は、生存をかけた問題でありやむを得ないことだった。ソ連は米国との軍拡競争において、自身が持ちこたえられないほどの国家資源を動員して、結局は冷戦に敗れた。

米国もまた莫大な軍費支出によって、経済面で次第に日本に追い越され始め、1980年代になるとあらゆる産業分野で日本に後れをとる二流国家に転落した。

このような現象が日本の長期的な安全保障「タダ乗り」と関連がないとは言いがたい。ところが近年、世界情勢はがらりと変わった。冷戦の終焉とともに、より複雑に激動する世界が私たちの前に現われたのである。

1990年代に入ると、米国は軍事費を大幅に削減するとともに日本に「円高」という足枷《あしかせ》をはめ、経済再建に効果を見せ始めた。10年が流れた今、米国は再びあらゆる産業で日本の前に立ちはだかるようになり、今度は日本が二流国家に転落してしまった。

その理由には様々な要因が挙げられるが、中でも米国の軍事費縮小が重要な要因だったことは明らかだ。無理な軍事力を維持することは「亡国への近道」ということができる。しかし、だからと言って日本のように軍事費を抑制しすぎることが正しいとも言えない。

冷戦後、米国をはじめとするフランス、イギリスなどはＧＮＰの３％弱程度を軍事費に支出している。ロシアの場合はいまだそれ以上の水準（同比５％）であるが、画期的な軍備縮小によって3％水準に近づけようと努力している。

恐らくこの水準が、現在の世界情勢で最も適正な軍事費支出でないかと考えられる。すなわち「GNP比3％」が軍事力と経済力がシナジー（相乗）効果を創出できる最適の数値ということだ。この基準を参考に考えるならば、北朝鮮や中国、台湾、韓国などは、多すぎる軍事費支出が経済発展に悪影響を及ぼしており、反対に日本の場合は経済力に見合わない貧弱な軍隊ゆえに経済発展が阻まれている状態だ。

二流国家に転落した日本

ただ1つ留意すべき点がある。日本が実際に負担する軍事費がGNPの1％未満かと言えばそうではない。日本は1991年の湾岸戦争時、800億ドルの戦費の一部（130億ドル）を負担している。2001年の米軍によるアフガニスタン攻撃でも同様である。イラク戦争でも、日本は復興支援という名目で〝米国の財布〟の役割を担おうとしている。さらに日本政府が毎年、在日米軍に提供している莫大な駐留援助費――在日米軍がタダで使用している港湾、演習場、土地・施設と各種エネルギーなど――を勘案すれば、日本が実際に支出している軍事費は見た目よりは多いかもしれない。しかしこれらは米国への従属を強める効果をもつものであり、周辺国からの侮りも避けられない。

1980年代、日本の産業競争力があらゆる面で米国を凌駕していた時、このままでは日本が世界のあらゆるお金を吸収して、まさにパックス・ジャポニカ（日本による世界覇権）の時代が到来するのでないか、という展望が語られた。

ところがその後、日本は二流国家に転落した。今になって検討してみると、日本が世界のリーダーに変身できない背景には、軍事力の行使が禁じられた国家であるという点が大きく影響していると考えられる。軍隊がない、または存在しても機能しない経済大国は色々な限界に直面する。

まずその国民と企業が活発に海外進出し、グローバルな経済活動を展開する意欲を抑制する。日本のように軍事力の行使を禁忌とみなしている金持ちの国の国民は、海外で容易に強盗をはじめとした凶悪犯罪や身代金目当ての拉致・人質事件の対象になりやすい。そしてこのような事件が発生しても、国家は口先だけで実際には全く彼らを守れないから、日本の国民と企業は海外進出に二の足を踏むケースが起こりうる。

特に第3世界は政治や治安情勢が不安定なために、軍事力による威嚇・保護といった潜在的担保なくしては進出するのが難しい事業が多い。日本企業が海外に進出し、油田、鉱山、森林開発などに多くの投資をし、その後誕生した新政府が日本企業によって開発された資源を強制的に国有化しようとした場合、ただ手をこまねいているしかないだろう。

1978年、イランでイスラム革命が起こった時、パーレビ国王の政府を信じてイランに進出した外国企業は、一斉に全財産を放棄して逃げるほかなかった。こういうことが時々発生するのが第3世界である。

また軍事力が弱い国家はシー・レーン（海上交通路）を確保することにも苦労する。それればかりか自国の領海を侵犯して経済的利得を奪って逃げる海賊に対抗することも難しい。

海外でも「国民」を守り続けてきた米国

こうした現実は、米国という国家が、自国民の海外活動に対してどのように支援しているかを見れば明らかになる。米国の軍隊は自国民の利害に関わる事態が起きた場合、例外なく出動して武力を行使し、彼らの利益と安全を守っている。それらは全面的な侵攻になる場合もあれば、特殊部隊による限定的な作戦にとどまる場合もある。明白なのは米国人と米系企業は、全世界どこでも最強の軍隊から保護されているという事実だ。そのやり方には批判されるべき点も多いが、少なくとも「国民の生命・財産を守る」という国家の義務を果たしている。

これまで実際に、米国は中東において原油価格の安定を図るとともに、米国への安定供給を確保するために、戦争をも辞さずにこの地域へ関与し続けてきた。また、米国の海上貿易を保護するため、随時パナマ運河とスエズ運河に対して軍事作戦を展開している。もしこの地域に米国の軍事的プレゼンスがなければ、今頃はパナマ運河を通過する船は途方もない通航料を払わされているだろうし、国際原油価格は産油国の談合によって今頃1バレル当たり300ドルになっていたかも知れない。

また米国人が拉致されたり攻撃を受けた場合、米軍の空母と戦闘機、特殊部隊は遅滞なく出動し彼らを救出する。この過程ではもちろん軍事衛星と通信盗聴など先端軍事技術が総動員される。今や世界はグローバルな経済戦争の時代に突入しているから、高い展開能力をもった軍隊と先端軍事技術の助けなしで、世界を相手にビジネスを繰り広げるということは自殺行為であり、仮にそれを覚悟しても不可能な場合が多い。

米国のCIA（中央情報局）とNSA（国家安全保障局）は、この瞬間にも地球の周りを回っている数百個の軍事衛星と電波傍受用通信アンテナを通じて、インターネットや電話の内容を盗聴している。このように収集された重要情報は自国企業に渡される。そうした連携プレーの積み重ねが今日の「米国の競争力」を築いたのである。

したがって、米国が世界最大の経済大国であるから、最強の軍隊を維持できるという言い方は正しくない。これまで最強の軍隊を育て維持してきたがゆえに、世界最高の経済大国になったという方がより正確なのである。

このような点からみると、1980年代に経済大国として台頭したとき、日本が強力かつ海外展開を許された軍隊をもっていたならば、今日の世界版図は全く変わっていただろう。仮に当時の段階では経済と軍事、両方の分野を発展させることが不可能だったとしても、今日ならば可能なはずである。

年17％の割合で膨張する中国の軍事費

中国の公式の軍事費支出はGNPの5％台を維持しているように報じられているが、多くの専門家は実際には7％程度と推定している（2002年度予算については中国政府は200億ドルと発表、米国防総省は650億ドル近くと議会に報告している）。そして近年約17％（日本はほぼ横ばい）という驚異的な伸び率をキープしている。北朝鮮の軍事費支出は20％以上と推定されている。

台湾の場合、中国軍による侵攻に備えて、毎年GNPの5％を超える莫大な軍事費を支出している。韓国も、公式の軍事費支出は3％台を維持しているが、徴兵制や在韓米軍の駐留費などの負担を勘案すれば、実際の軍事費支出は7％をゆうに超えるだろう。

このように軍事費を過剰に支出している北朝鮮、台湾、韓国のような小国の場合、その軍事力の内容が防御的な性格を帯びているのに対し、軍事大国である中国のそれは未来の侵略戦争の準備としての性格を多分に持っている。

中国は1940年代末、大陸を統一する過程で満州国とチベット、新疆ウイグルなど周辺国を侵略、併合した。その後も50年に朝鮮戦争で北朝鮮を助けるという名分で朝鮮半島を侵略し、1962年にはインドへ、1979年にはベトナムへ侵攻した。1988年には南シナ海に浮かぶ南沙諸島を制圧するために軍隊を派遣し、ベトナム軍と衝突。双方100名以上の死傷者を出した末、同諸島を掌中に収めている。

中国は世界で5番目に核兵器を自主開発し、現在では（2003年8月に米国防総省が発表した年次報告によれば）米国本土を射程距離にとらえるICBMを約20基、短距離弾道ミサイルなら約450基を配備するまでになった。核搭載巡航ミサイル、潜水艦発射巡航ミサイル、空母機動部隊など、まだ保有していないものについても、これらをすべて揃えるまでにそう長い時間はかからないだろう。言うまでもなく、こうした中国軍の近代化を米国は深刻な脅威と受け止めている。

米軍中枢では、既にかなり以前から旧ソ連の代わりに中国を仮想敵国と想定して戦略シミュレーションを実施している。これは中国軍でも同様である。両軍首脳部の間では、既に水面下において冷戦並みの戦いが始まっていると言っても過言ではない状況だ。

その一方で、米国の防衛戦略は過渡期を迎えている。これまで中東と極東でほぼ同時に発生した大規模紛争に対して、それぞれで勝利を収めることを前提にした「二正面戦略」の見直しが、2001年秋にラムズフェルド国防長官によって発表された。原因として9・11テロを受けて米本土防衛や特殊部隊の強化により重点をシフトしていくことが指摘されているが、この発表の際にも中国への警戒感ははっきりと示されている。

現在の日米同盟はかつての日英同盟に酷似している

こうした自国の事情もあって、米国はこれまで東アジア地域で米軍が受け持ってきた役割を、日本軍が肩代わりしてくれるのを願っている。そもそも1995年、日本と共同で作成した新防衛ガイドライン発表以後、米国は日本の再武装を促してきた。そして近年、米国は機会あるごとに、日本に国連常任理事国の地位を与えなくてはならないと強調しているが、これにも日本の再武装を願う米国の政策と関連がある。

こうした動きは、これまで米国が担ってきた安全保障に日本がタダ乗りしながら利を得てきたという被害者意識の表われである。同時に、東アジア地域で中国、北朝鮮、ロシアなどの軍事的脅威に自衛隊をもって対処することで、無理な軍事費投入をせずに世界戦略を貫徹しようとする米国の計算でもある。

しかし日本の立場からしても、これは日本の経済力、果たすべき役割に見合った軍事力を整備するための絶好の機会でもある。そしてこの東アジア情勢を受けての米国の対日観は、100年前に結ばれた日英同盟の構図を彷彿とさせる。

1902年、英国は東アジア太平洋地域で日本を支援することによって、ロシアの南下を阻止することに成功した。しかしその後、ヨーロッパでファシズムが台頭し世界大戦が勃発すると、英米は日本を捨ててソ連と中国共産党と連合して日本と敵対。そして、日本の敗戦後に中国大陸が共産化し、それによって米国は東アジア地域で日本がいなくなった後の席を自ら埋めざるをえなかったのだ。

日本の年間防衛費、約400億ドルは、GNPの1%に満たない額である。これは今のように専守防衛を目的とする自衛隊ならば十分な額であるが、東アジアで中国の横暴に歯止めをかけ、同時に世界で日本人の生命・財産を守ることができる「日本軍」を育成、維持するには全く足りない額である。日本が自国の経済規模にふさわしい軍隊を保有しようとするなら、最低限3つの空母機動部隊が必要であろう。これは米国が全世界で12の空母艦隊を運用していることを考えれば、日本に適切な数と考えられる。

各空母機動部隊は70余機の戦闘機を搭載した空母をはじめ、イージス巡洋艦、駆逐艦、補給艦など15程度の艦船で構成された立体的戦力である。このような空母機動部隊を育成、運用するには、相当な軍事費が必要である。またこうした空母艦隊は、有事の運用にも堪える技術やシステムの構築に多大な年数がかかる。また法律面の整備、外交面の障害を排することにも時間がかかる。

さらに、今世紀の軍隊を構成するのは、空母機動部隊以外にも数多くある。核兵器、軍事衛星、さらに宇宙兵器を開発していくにも多くの軍事費が必要となるが、やはり米国や日本のような経済大国でなければ、莫大な軍事費をまかなえない。したがって今後はますます「軍事大国＝経済大国」という公式が力を得ていくだろう。

「日本は軍備競争に参加せずに高度成長を達成し、経済大国となった」と反論する向きもあるかもしれないが、それは冷戦という極めて特殊な構造下だからこそありえたことと認識しなければならない。いつまでも米国に甘えていられると考えるのは間違いである。それよりも軍事力の充実、すなわち再武装がもたらす経済的効果、国際的地位の向上、東アジア地域の安定、米国従属からの脱却というプラス面に目を向けるべきである。

再武装の障害は中国ではなく日本人自身

現在の状況下で日本が再武装を決心した場合、国際社会の障害は意外に小さいことが判明するだろう。反日教育を基本政策としている韓国、北朝鮮、中国からの反発は当然予想される。しかし韓国はまだ米国の傘に絶対的に依存している同盟国であり、北朝鮮と中国は彼ら自身が日本再武装の名分を提供する存在であるため、国際社会は安易に彼らの抗議に同調することはないといえる。

最大の障害は日本人自身である。いまだに敗戦コンプレックスに覆われている日本社会は、これまであまりにも長い歳月を盲目的な反戦非武装路線で過ごしてきた。毎年8月が来ると、日本の首相は誰がさせるわけでもないのに、平和憲法を持ち出して不戦の誓いを守ると繰り返す。また政治家やマスコミの間では近隣諸国にどのようなことが発生しても関与しないという不干渉主義が広まっている。そこには各民族の自主性を尊重する態度よりも、責任を放棄しトラブルやリスクを最大限回避しようという習性が見え隠れする。

ある世論調査によれば、日本本土が侵略されても半分近い日本人が「抵抗してはならない」と考えているというが、これは驚くべきことである。平和を維持しようとするならば非武装と戦争反対スローガンを叫ぶだけではなく、平和を実現する強力な軍事力を保有しなければならない。

日本はいつまで自分の運命を米国に委ね、その陰に安住するのか。日本人が抱える敗戦コンプレックスと盲目的に崇め奉る平和憲法は、今やあらゆる面で日本の発展の妨げとなっている。

日韓台、ASEANによる「東アジア安保同盟」創設が急務だ

ソ連崩壊後にやってきた地域共同体ブーム

主権国家同士の協力形態にはさまざまな種類があるが、共同体、連邦、連合、共栄圏など名称も相当多い。共同体、共栄圏は英語でcommonwealth、連邦はfederation、連合はunionなどと訳されるが、それ以外の名称でも様々に使い分けられている。

例えば、英連邦は英国と旧植民地だった53か国で構成されているが、英語ではCommonwealth of Nationsと書く。欧州連合はEurope Unionであるが、豪州連邦はCommonwealth of Australia、米国はUnited States of America、英国はUnited Kingdom of Great Britain and Northern Irelandとそれぞれなので、東洋では簡略化して呼ぶしかない。

現在、連邦形態をとっている国をみると、連邦を構成する各国家（state）が主権を持

ってはいるが、対外的には単一の政府体制で活動しているので、韓国や日本のように連邦でない国家と変わるところがない。

「ソ連崩壊後の世界」の特徴の一つは、隣接した地域ごとに共同体を創設する運動が流行のように広がっていることだ。

国家間の安全保障同盟や軍事同盟は古い時代から珍しいものではないが、最近の共同体は経済的な性格を帯びている。主に経済的な共同利益を追求する共同体運動を「新機能主義（Neo-functionalism）」と呼ぶが、この考えによれば各国が経済的な繁栄のため最善の方法を求めれば、自ずと欧州のように強力な連邦に発展することになる。

最近の地域共同体運動は欧州統一の動きに刺激を受けたものであるといえるが、過去200年間、地球上でもっとも強力な組織であった「民族国家」の境界が崩れながら、広大な大陸にまたがる大規模な組織が誕生したという点で新しい世紀の口火を切るものとなりつつある。

大陸全体を包括する連邦体はそれ以前にも存在してきた。230年前には対英独立戦争を通じてアメリカ合衆国が誕生し、100年前には豪州連邦が生まれた。1917年には共産党が主導したソビエト社会主義共和国連邦が誕生した。

今日、中国やインドを莫大な人口と広大な領土を抱える一つの大陸と考えることができるが、内部に多様な民族と宗教が分布している点から、これらは民族国家というよりは連邦に近い存在だと言える。

ソビエト連邦を継承したロシアの場合、ソ連を構成していた15の共和国がそれぞれ独立し、人口と領土が大幅に減少した。しかし依然として地球上でもっとも広い領土を持っており、多様な民族と自治共和国を包括している連邦体である。

このように見れば、現在地球上には欧州連合と米国、中国、インド、ロシアなど5つの連邦と200あまりの国家が存在していることになる。小さくバラバラな200あまりの国家は大部分が宗教、文化的に同質性が強い集団、つまり民族単位に国家が成り立っている。

この中で、ドイツとイタリア、日本は19世紀に小さな国家が統合され誕生した典型的な民族国家である。残りの大部分の国はかつて強大国の植民地であったが、第2次世界大戦後に独立した新生国家である。

したがって、よくよく見てみれば100年以上の歴史を有する国家は少数に過ぎず、多くの国家は誕生して平均50年前後の未熟な組織だと言える。

分離の時代を経て再び「統合の時代」が幕を開けた

19世紀、欧州と日本で民族国家が誕生した時期には、結果的に統合の美徳が上手く作用した。この時期、ドイツ帝国は40の国家、日本は300あまり、イタリアは170もの小さい国が統合されて一つの国家を形成したのである。

ドイツとイタリアの統合はフランス革命とナポレオン戦争によって近代精神が伝播されて可能になった。日本の明治維新は欧州によるアジア侵略と産業革命に刺激された、迅速に日本を近代化するための運動である。欧州と日本において民族国家運動は中世の古い秩序を再編するための近代化運動の性格を帯びているが、この過程で大小の封建王国が巨大な民族国家に統合されていった。

しかし1945年以降は、分離の力学が作用する。国連が結成され、米国とソ連を盟主とする2大陣営が対立するようになるが、米国とソ連はどちらも民族自決主義を標榜していたために、強大国の植民地は我も我もと独立を主張したのである。

その結果、今日国連においては人口3万のミニ国家と人口13億の中国が同じ1票を行使し、1票の重みが4万対1と広がる不条理が生じた。経済規模（GDP）においても10兆ドルの米国と2億ドルにもならないミニ国家が同じ1票を行使するので、5万対1という「不平等」が生じるようになった。

このような不条理はそのまま国連の限界となり、国連の権威を弱める根本的な原因となっている。

したがって21世紀の初頭に30か国で一つの連邦体を形成する方向に動いている欧州の実験は、20世紀の分離・独立の時代から再び19世紀のような統合の時代が幕を開けた点で、歴史的な意味が大きい出来事と言えよう。欧州連合の結成は革命と戦争によらず、平和的な討論と自由意志によって進められている点でいっそう意味が大きい。

一般的に、統合された欧州が将来さらなる繁栄を享受するのは明らかだと受けとめられている。これは欧州の周辺国が将来、欧州連合のメンバーになることを国家の至上課題としているのを見れば明らかだ。

一例として2005年の新規メンバーになれなかったトルコは、加入させてくれなければ戦争も辞さないという態度をも見せているが、このようなトルコの希望はすぐに実現しないだろう。あまりに貧しく、何よりもイスラム国家であるためだ。トルコの欧州連合加入は欧州の同質性を深刻に損ねるものである。

ならば欧州はなぜ連邦を構成したのであろうか。それは米国ゆえだ。建国200年ちょっとで世界唯一の超大国に台頭した米国は50の国（state）が連邦を形成し、単一の言語、貨幣、憲法、軍隊、そして単一の政府と議会を持つ。広大な領土と人口が一つの連邦国家として統合されると相乗効果が表われ、モンゴル帝国やローマ帝国を凌駕する人類史上最強の国家となった。

米国が東アジアでとった分断戦略

欧州の人々は20世紀中、ずっと米国を羨みつつ競争を試みたが、もはや小さな国家単位では到底相手にならないという事実を思い知ったのである。特に彼らは米国を見ながら大陸全体を包括する単一市場の威力を悟ったのであり、彼らは米国モデルに倣《なら》って〝欧州合衆国〟を狙っている。

米国が合衆国を構成して成功し、いまや欧州が合衆国を形成中ならば、別の大陸もその流れに従うだろう。しかし、それは易しいことではない。お互い価値観が違う国家を統合するのは、一つの村で各家の境界を取り壊して大家族になるのと同じことだ。米国や欧州のような強大な共同体を建設するには、２つの条件、つまり同程度の経済水準と文化的な同質性が必要である。

村中が一つの大家族に統合されるにあたり、事情が苦しい家は当然隣の裕福な家と統合しようと言うが、裕福な家の方はあえて貧しい隣家と一緒になる理由がない。

生活水準が同様だといっても、隣の家が異質な宗教と文化を持っていれば、統合は成り立たない。欧州連合が新規加盟国、特にトルコの加入を認めていないのもこの２つの理由ゆえだ。

２００３年1月11日、高麗大学アジア問題研究所は米国のブルース・カミングス・シカゴ大学教授と欧州からはフィリップ・シュミッター欧州大学院（ＥＵＩ）教授らを招いて、「東アジア共同体～発展と戦略」という国際学術会議を開催した。東アジア共同体建設において米国と欧州の経験に学ぶという点からこの集まりは特別な意味があった。

ブルース・カミングス教授は、第２次世界大戦後に米国がとった分断戦略のせいで東アジアの政治経済的な異質性が深化したため、東アジア共同体は不可能だと述べた。欧州に駐屯した米軍が多国間主義を標榜し、欧州の統合に大きく寄与した一方、アジアの米軍は米国と各駐屯国の双務防衛条約だけを強調する二国間主義戦略をとり、故意にアジアを分裂させてきたというのである。

一方、フィリップ・シュミッター教授は、欧州統合を説明する理論の一つである「新機能主義」が東アジアでも適用できると主張した。政治統合を経済統合と連続したものと扱う「新機能主義」は、ＥＵの母体である「欧州石炭鉄鋼共同体（ＥＣＳＣ）」のように、域内で共同の機能を遂行する超国家的な共同体の創設を核心とする。東アジアでもエネルギー部門または地域輸送システムを統括する機構を作り、今後これを東アジア共同体に発展させるべきだという。こうした指摘はいずれも重要な示唆を含んでいる。

「欧州の友人」「アジアの支配者」として振る舞う米国

戦後米国は欧州と東アジアに軍隊を駐屯させながら、この地域の経済復興に決定的に寄与してきた。欧州は米国人の故郷であり、宗教、文化、人種において同質性が強い文化を共有している。

それに対し、米国人にとって東アジアは相変わらず異質で不便で遅れたところに過ぎない。米国は戦後日本を経済でも軍事でも二度と立ち上がれないようにしようとしたが、冷戦、特に朝鮮戦争によってそのような意図を貫徹できなかった。

国家の安全保障は生存に関わる問題であり、日本への敵対意識は感情の問題だ。米国は韓国と台湾を含む旧日本地域に対し米国市場を開放することによって積極的に発展を促した。その結果、旧日本地域は中国とソ連を封鎖する米国の防御線となり、強大な工業国に成長した。

つまり米国にとって、西欧と東アジアに共産主義に対する防御前線を構築したことがもっとも重要なことで、経済発展は副次的な意味しかなかった。

ところが米国は西欧で北大西洋条約機構（ＮＡＴＯ）を結成して多国間安保体制を創り上げた一方で、東アジアではこのような地域安保機構を創設しなかった。もし戦後米国が東アジアで日本、韓国、台湾、フィリピンなどを包括する北太平洋条約機構（ＮＰＴＯ）をつくり、多国間安保協力を促していたなら、今日東アジアは欧州と似た形態で発展しただろう。

米国はなぜ西欧と東アジアを同じく防御前線にしながらも全く違う政策をとったのか。これには明らかに東アジアを分裂させようという意図が見られる。欧州に対して米国は友人であるが、アジアに対しては厳しい征服者「アンクル・サム」なのだ。これがいわゆる黄色人種に対する「Divide and Conquer（分割して統治せよ）」戦略であり、米国が今後も東アジア共同体を妨げるのは明らかだ。

冷戦体制が崩壊した後、米国のアジア分断政策はいっそうはっきりしている。１９９２年、米国とカナダ、メキシコが北米自由貿易協定（ＮＡＦＴＡ）を締結すると、東アジアでも欧州と北米の経済ブロックに対応するため、東アジア経済共同体（ＥＡＥＣ）を結成しようという動きがあった。これは東南アジア諸国連合（ＡＳＥＡＮ）と中国、韓国、日本を包括する経済ブロックを創設しようというものであり、主にマレーシアのマハティール首相によって提唱された。

すると米国は素早くアジア太平洋経済協力会議（ＡＰＥＣ）なるものを結成し、ＥＡＥＣ阻止に乗り出した。当時、米国の絶対的な影響力から抜け出せないでいた韓国と日本はいち早くAPECに加入させられ、東南アジアも仕方なく加入した。そう、アジア太平洋地域。かくして米国は欧州とアフリカを除いた第二の国連を作るのである。

しかしその後、この機構は年に一度、言葉も通じない各国代表が会して食事と休息を楽しむだけのつまらない集まりとして有名無実化することとなった。米国が自分の操り人形のような機構を創設したのは、言うまでもなく東アジア共同体運動の気運をそぐための作戦であった。

自分は隣国と経済ブロックを創設しながら、アジアに対しては執拗に妨害する様は米国が全くもってたちの悪い、自己中心的な国であることを物語っている。

米国が執拗に妨害する東アジア共同体構想

1997年、米国の投機マネーはタイとインドネシア、マレーシア、韓国を次々と攻撃し、経済恐慌に陥らせ、国際通貨基金（IMF）を通じて米国が望む形で経済構造を再編した。

この4か国の通貨価値が暴落し、金融マヒが発生する直前、米国の投機資本は一斉に撤収したが、日本の資本はことごとく被害を受けた。米国の投機マネーは主にコンピュータを通じて瞬時に動かせる金融派生商品に投資されていたが、日本資本は工場、ホテル、不動産に投資されていたため迅速に動かすことができなかったためである。言ってみれば、東アジアの恐慌によって米国が莫大な利益を得る一方、東アジアは米国の経済植民地に転落した。日本は甚大な損害を受け、それでなくても沈滞していた景気はさらに悪化した。

この事態以後、アジア各国ではアジア通貨基金を創設し円ブロックを作らねばならないという声が高まったが、すでに米国資本によって占領されてしまった状態でこれは空しいかけ声である。

東アジア恐慌によって米国経済はさらに好況を謳歌したが、日本経済はいっそう深い泥沼に落ちた。結局、冷戦が終結した後は、アジア、とりわけ日本と米国の利害関係は全く一致しないという点が確認されたわけである。

1990年代初めにでも、東アジアの経済協力機構が創設され域内国が緊密な協調体系を構築していたなら、このような通貨危機のドミノ現象は起きなかったことだろう。したがって東アジア共同体は経済共同体を政治軍事的な共同体に発展させるやりかたよりも、東アジア分裂の根本原因である安保問題を中心に据えて進めることが現実的であると考えられる。

結局は欧州のモデルに倣うことになるのだが、米国と中国を排除した東アジア安保同盟創設が緊急課題だ。具体的には日本を中心とした、韓国、台湾、ＡＳＥＡＮの軍事同盟である。東アジアの安保同盟は中国と米国の威嚇の狭間で等距離路線を維持しなければならない。

そのためにはまず韓国と日本が米軍の影響下から抜け出る必要があるが、韓国は米軍に奪われている軍統帥権を取り戻す必要があるし、日本は法的にも完全な軍隊を保有しなければならない。この過程において在韓米軍と在日米軍は完全に撤収するか、少なくとも陸軍だけでも撤収させる作業が必要だ。

まずは機軸となる日韓軍事同盟を！

韓米日3国は同盟国と称しているが、韓米相互防衛条約と日米安保条約があるだけで、韓日の間には軍事安保条約が存在しない。これこそが米国の東アジア二国間主義の最大の証拠であり、韓国と日本を別々にコントロールする一方で日韓の直接の同盟は認めないという米国の意図に沿った大変異常な安保構図である。

したがって今後は韓日の軍事同盟が必要だが、このような韓日安保協力が現実のものとなれば、米国は仕方なく韓米日3国間の多国間安保機構を創設しようと提案するだろう。韓米、日米同盟関係が根本から解体されている現在の状況で、日韓軍事同盟が創設されるのであれば、これは東北アジア地域での米国の影響力後退を意味する。米国としては日韓軍事同盟よりはむしろ自らも参加するNATO式の多国間安保機構を創設する方法を推進するだろう。

これも悪くない方法ではあるが、やはり最善は日韓軍事同盟の創設である。この同盟の過程で日本は再び正式の軍隊を持つ普通の国に生まれ変わるし、今後東アジア共同体の中心的な役割を担うことができる。

このような変化はこの先10年以内に可能と思われるが、最大の障害は間違った歴史認識による韓国の反日感情である。現在、日本人は敗戦後遺症にかかっているが、これは極端な内面化、つまり外国との接触や交流を極力避けようとする傾向として表われている。

しかし日本は父祖たちが大東亜共栄圏の建設のため犠牲を払った歴史があるので、このような理想は内に潜んでいてもいつか再び噴出するかも知れない。

韓国と日本が再び手を取り合うようになる日、それは東アジアの新しい未来が始まる日である。

［特別対談］石原慎太郎東京都知事×金完燮

「日本はアジアの盟主たりえるか」

「日本はアジアの盟主たりえるか」

「日本人は砂金で朝鮮、シナの文化を買い求めた」――石原

石原　韓国で出版した『親日派のための弁明』が政府によって〝発禁処分〟にされていますが、今、韓国には帰れないの？

金　いえ、帰れますよ。

石原　でも本は発禁になっているんでしょう？

金　確かに厳しい販売制限を受けているのですが、今年（2003年）からは本格的に販売される予定です。

石原　そうですか。ところで昨年初来日されたとのことですが、日本の印象はどうですか？　金さんから見ても、日本人は自分のメッセージを発しない国民に見えるでしょう。何を考えているかわからないというか、物をはっきり言わないでしょう？

金　確かに、日本人の国民的特性といえるかもしれませんね。

石原　そうですね。ただ、日本人のルーツは朝鮮半島にも大陸にもモンゴルにも、メラネシアにだってありますし、インドやパキスタンにもあるわけです。大昔、日本海は非常に浅い海で、簡単に大陸や朝鮮半島から日本に渡って来れたんだけど、その後、地殻の変動などで日本は荒い海に囲まれた、孤立した島国になった。その島国としての地勢学的な条件が今日の国民性を作ったと思います。その後も長く日本に比べて朝鮮半島の人々のほうがはるかにすぐれた文化を持っていたので日本人はそれに憧れ、それを獲得しに行った。

日本では砂金が採れたので文化をお金で買うんですね。朝鮮の国でもシナででも大事なお経なども日本人に見せ、写経することも許してくれた。

「江戸時代には韓国を凌駕していた日本」——金

金　すると日本のほうが朝鮮より優越的な位置に立ったのは、いつ頃からなのでしょう。

石原　それは日本が近代化に成功してからでしょう。

金　いや、それ以前から日本は経済的に発展していたような気がしますが。

石原　確かに日本は鎖国してたけど江戸時代には非常に成熟した文化を持っていましたね。スーザン・ハンレーというアメリカの社会学者が『江戸時代の遺産』（中公叢書、原題『The Legacy of the Tokugawa Period』という本を書き、日本でも翻訳されているけれど、彼女によると、当時、とくに日本の首都だった江戸は非常に成熟していて水道まであった。国全体が非常に安定していたので、学校の数も多くて、貴族のような特権階級だけじゃなく、一般の庶民も読み書きできたし、人々が書いた手紙は江戸から1000㎞離れた博多あたりまでちゃんと届いていた。
そういう文明・文化は当時の外国に比べても非常に進んでいたと思うし、日本の近代化を進める上で大きな財産だったと思うね。

金　そうでしょうね。

「大陸文化をソフィスティケートする役割を果たした日本」――石原

石原　大陸と地続きの朝鮮半島では、過去には大陸の政権が変わると王家の政権も変わり、日本に逃げてくる人も多かった。その人たちは非常に高度な文化を持っていたので、日本の大名たちは争って抱えたのです。たとえば関東にも彼らを入植させた荘園がある。群馬県などに高麗寺とか高麗山とかいった名前がたくさんありますよ。
それに例えば、仏教美術について言えば、ヘレニズム美術の影響を受けたガンダーラ美術が大陸経由で朝鮮半島を経て日本に来た。そうした文化の移動では、移動する度に非常にブラッシュアップされ、ソフィスティケート（洗練）されていくけれども、日本より先に行くところがないので、あの時代は日本が文明・文化移動のデッドエンド（帰結点）だったんですね。

ですから、日本の仏教美術は朝鮮よりも中国よりもガンダーラよりも非常にソフィスティケートされ、収斂《しゅうれん》されて美しいものになったと思う。僕が一緒に旅行したことのあるアンドレー・マルロー氏（フランスの有名な作家、美術評論家、政治家。１９７６年死去）は、東西の文化比較論などでも大きな貢献をした人だけれども、日本の仏像を前に思わず両手を合わせて、自分はキリスト教徒だけれども（その仏像に）永遠なものを感じると言って高く評価していましたね。

「島国という環境が日本に有利に働いた」――金

石原　朝鮮半島から入ってきた陶器・白磁といったセラミックについても、日本はより洗練されたものにしていったと思うし、そのために例えば、沈当吉という陶工を島津義弘が文禄・慶長の役の際に召し抱えて日本に連れて帰ってきました。鹿児島では今でもその子孫が15代沈寿官として薩摩焼の立派なスクールを開いています。

金　要するに、島国であることが大変有利に働いたわけですね。

石原　日本と朝鮮半島の間の海は危険ですからね。私はずっとヨット協会の会長をしていたし、自分のヨットで何度も太平洋を渡っていますが、日本の近海だけが非常に危険な海なんです。だから日本人は海を渡って朝鮮半島や大陸に行くのが非常に怖かったし、なかなか難しい。それで、いつも何か外からメッセージが来ないかと期待して水平線に目を凝らして待ち受けるパッシブな民族性ができてしまった。好奇心はあるんですけどね。

金　そうですか。

「韓国の博物館には天皇家の『三種の神器』と同じものがズラリと……」──石原

石原　それに朝鮮半島や大陸も行ってみると、私たちの先生でしたから、違う土地へ我々が受け継いだものを伝えようと思っても、残るは太平洋しかない。行くところがなかったんです、日本人は。だから弟子もいない。

ただ、私は、今の天皇が自分の先祖の一人は朝鮮半島から来たと認めたのは実に大事なことだと思う。過去の天皇の妃だけじゃないんですよ。私だってそうかもしれない。私の母親は非常に美人だったけど、韓国の美人によく似ているし、父親はインド人みたいな顔をしていた。それが合わさって私みたいな顔になった（笑）。

私が驚いたのは、以前、韓国の慶州の博物館に行った時、日本の天皇家の三種の神器、つまり勾玉《まがたま》と鏡と刀ですが、同じようなものがズラリとあったことです。とはいえ、別に、それで何も優越感や劣等感を持つ必要はないのであって、歴史とか文明の交流というのはそういうものでしょう。

日韓の合併は〝植民地化〟に非ず

「清とロシアの脅威を前に、朝鮮の人々は日本との合併を選んだ」――石原

金　日本人はそういう受け身的な考え方でずっと過ごしてきたわけですね。その日本人が、明治以降、朝鮮半島や中国大陸に進出したのはなぜだと思われますか?

石原　日本人が有色人種の中でたまたま最初に近代国家を建設したわけですが、私はそのプロセスで日本が朝鮮を「植民地化」したとは思わない。当時、大陸からの圧迫で政治的に苦しんでいた朝鮮は、あのままでいけば、たぶん清国か帝政ロシアに植民地化されていたでしょう。「それよりも」ということで、当時の朝鮮の人々は自ら選んで日本との合併を望んだわけで、これは植民地化ではない。日本が武力で強制したという事実はない。それは、あなたが言ってくれている通り、冷静に歴史を眺めれば、まさしく正確な事実だと

私は思います。

「日本の侵攻が朝鮮近代化の契機となった」――金

金　日清戦争の時、日本軍が朝鮮半島に渡って起こした乙未事変（※）で、朝鮮は近代国家として第一歩を踏み出した。それはまぎれもない歴史的事実です。

石原　朝鮮の人たちも過去に大陸の政権に支配され、大変な苦労を強いられた。その経験があるので、日本との合併を望んだということだと私は思いますけどね。日本の近代化が進み、日清戦争、日露戦争と努力して勝った後、日本は非常に大きな強い軍事・産業国家になった。そうなると世界の近代史を支配した原理は帝国主義だから、日本もその競争を避けられなかった。具体的には、領土を拡張し国力を充実すること列強として競り合うことが日本に強いられたわけだし、それを避けようと思っても避けられない。近代では、植民地をもつか、植民地にされるかというきわめて幅の狭い選択しかなかったと私は思います。

ただ金さんに理解してもらいたいのは、日本が朝鮮や台湾で行なった合併以降の政治は、ヨーロッパ人がアジアやアフリカを支配したのとは、かなり内容が違ったと思いますよ。

金　私もそう思います。たとえば韓国史学の世界的権威でシカゴ大学のブルース・カミングス教授も、日本の朝鮮経営はイギリスのインド経営とは対照的だったと指摘しています。イギリスはインドの産業化を逆行させて農業社会に退行させたのに、1930年代の興南の窒素肥料工場、水豊の水力発電所、鎮南浦の工業団地などは、当時、世界的に見ても最高水準の施設だった、と。

私の本にも詳しく書いたのですが、統治時代、日本はさまざまな改革を韓国で実行した。中でも教育には多くの投資をしています。伊藤博文は今も多くの韓国人に憎まれ続けていますが彼の功績はとくに大きい。

朝鮮では1894～95年の甲午改革によって近代教育制度が始まったのですが、その実、伊藤が初代統監に就任した1906年になっても、小学校は全国で40校に満たなかった。伊藤は着任するや朝鮮人官僚たちを前にして「あなたがたは一体何をしていたのか」と叱りつけ、学校建設事業を最優先したという。その結果、1940年代には全国で1000校を超える各種学校が設立されていたのです。

「『日本統治を評価している』と語った朴正熙大統領」――石原

石原　私が70年代後半に福田元首相と韓国を訪問し、当時の朴正熙大統領と会った時、朴さんや彼の閣僚たちと皆で酒を飲みながら日本語で話していたのです。酔っぱらってくると、やっぱり色々なフラストレーションがあったんでしょう。そのうち閣僚たちの間から「日本人は生意気だ。朝鮮に来て今までの名前を変えろなんて言った」などという批判が出た。

するとと朴大統領は「まあまあ、みんなちょっと落ち着きなさい」と周囲をなだめてから、「私は日本の朝鮮統治はそう悪かったと思わない」と言い出したので、皆が静まり返ったことがある。朴大統領が言うには、自分は非常に貧しい農村の子供で学校にも行けなかったのに、日本人が来て義務教育を受けさせない親は罰すると命令したので、親は仕方なしに大事な労働力だった自分を学校に行かせてくれた。すると成績がよかったので、日本人の先生が師範学校に行けと勧めてくれた。さらに軍官学校を経て東京の陸軍士官学校に進学し、首席で卒業することができた。卒業式では日本人を含めた卒業生を代表して答辞を読んだ。日本の教育は割と公平だったと思うし、日本のやった政治も私は感情的に非難するつもりもない、むしろ私は評価している、と。その朴大統領の話は非常に印象的な思い出です。

金　李氏朝鮮の末期は、朝鮮の人々にとってまさに生き地獄のような日々でした。日本の統治によって近代国家へと歩み始めることができたのです。ところが、現在、韓国では全く事実と逆のことを教えているのです。要するに、日帝時代以前はとてもよい社会だったたのだけど、そこへ日本人が来て地獄のような社会を作ってしまった、と。かくいう私も自分で調べるまで学校で教えられてきた歴史を信じてきた一国民でした。

しかし実際には、例えば1911年に行なわれた土地調査事業では農業基盤の整備や所有権が確定されました。それまで土地は国や門中（一族）のものであったのですが、この措置で農民や地主の名義での所有が認められたわけです。自作農の誕生です。ただ歴史を記す支配層にとっては、経済基盤を奪われた〝略奪の歴史〟となるわけです。

そう教えているところに問題があるのではないかと私は思います。あの時、朝鮮総督府が設置されなければ、現在の韓国の発展もなかったと私は思うのですけどね。

石原　それは、（日本の敗戦を契機に）独立し直した国が近代化への道を進めば過去のそうした歴史は面白くないし、そういうものに反発するのは当然だと思いますよ。それに政治が絡んでくると、政治が作り出す感情とか価値観によって我々は冷静さを失ったり、平衡感覚を失ったりする場合もありますし。

「韓国と台湾の対日観はどうしてこうも違うのか⁉」──金

金　ただ韓国と台湾を比べると、近代化が始まる重要な時期に日本による支配を経験したという共通点がありながら日本に対する態度はちょうど正反対です。台湾は政府であれ民間であれ日本に対して極めて友好的な態度を堅持してきました。

例えば、台湾の英字新聞『Taiwan News』（２００1年3月12日付）において、淡江大学歴史学科・林呈蓉教授は、「日本の統治時代がなければ、今日の台湾と中国統治下の海南島の間には何ら異なることがなかった」と断言し、その論拠を具体的に挙げ、同時に台湾総督府の民政局長として活躍した後藤新平を〝近代台湾の父〟と讃えています。こうした論調は台湾の多くの人々が支持するところです。

同時代に同じ性格の日本統治を経験しながら、なぜこれほど大きなギャップが生まれるのか？　この問いには「台湾に対する日本統治は15年長かったから」「台湾には日本統治以前に独裁的な王朝が存在しなかったから」という答えが用意されています。しかし、独立以降、日本統治時代にその統治に協力した勢力が政権の中枢にいた韓国で、なぜこれほど反日感情が深刻なのか、その説明としては不十分でしょう。

石原　台湾の人に比べて韓国の人が日本に対して批判的だというのも、民族性もあるだろうけど、僕は両方とも当たり前だと思う。だけど、やっぱり大事なのはこれからのことだからね。

アジア安定化の鍵を握る21世紀の日韓関係

金　かつてナポレオンの率いるフランス軍がドイツに攻めてきた時、ドイツの哲学者ヘーゲルは、ナポレオン軍が自国の古い官僚体制を打破し、革命精神を伝播するとして、国民はむしろフランス軍とともに旧体制と戦うべきだと主張した。これと同じで、日本のアジア進出は、結果的にアジアの近代化に貢献した面が少なくないのです。搾取するのではなく、近代化のノウハウを広める役割を果たしました。

今後も、日本にはアジアの盟主として、この地域をリードしていくことを期待したいですね。

「アメリカは日本にとっての真の友人ではない」――石原

石原　盟主になることもないいんだけどね。まあ、しかし日本は持てる力を発揮すれば、もっと存在感のある国になれるはずです。また日本と韓国の昔の関係をめぐって、いろいろ不満のある方々にも、新しい友情や理解を築けると思いますね。

アメリカの東インド艦隊を率いて日本に開国を迫ったペルリ提督がいますね。私は、たまたまハーバードに講演に訪れた帰りに彼の生まれた町に立ち寄ったことがある。そこで彼の日記や報告書を読んだら、ペルリは、自分が艦隊を率いて回った世界中の国の中で日本が一番よくまとまった国である、と。

非常に教育水準も高いし、この国がもし西洋文明に触れるなら、きわめて短期間に大きな軍事・産業国家になるだろうと予言している。それは、その通りだったと思います。

金 日本は孤立して行動する面が多い。個人もそうだし、国家もそう。でも今後は孤立した行動は取らずに、韓国や台湾、あるいはアジアの各国をパートナーとして考えていく必要があるのではないですか。

石原 全くそうですね。時間的・空間的に世界が狭くなれば、一つの国が一つの国だけで生きていくことはできないし、よい友人をたくさん作ることが必要だ。

その意味で、アメリカが日本にとって真の友人かといえば私は違うと思う。

「韓国では日本のコピー曲が大ヒットしている」——金

石原 やはり日本と韓国はこれからですよ。我々は非常にファンダメンタルなアイデンティティーを共有しているのです。それは民族の持っている一種精神的な、あるいは、も

っと情念的な特性であってね。たとえば台湾の歌はあまり日本人にはしっくり来ない。ところが韓国の歌を日本人はすぐ好きになれるし、非常に日本人とぴったりする。例えば昔、古賀政男さんという素晴らしいポップソングの作曲家がいた。この人は子どもの頃朝鮮にいてソウルで育ったから、朝鮮のメロディーが体に染み込んでいるんです。その朝鮮の音楽に影響を受けた日本のポップスというのは我々にとっても、朝鮮の人々にとっても素晴らしい。それはとても大事なことだと思う。

金 今ではそういうことはないけれど韓国では以前、日本の歌は禁止されていました。でも、それを剽窃《ひょうせつ》し、韓国語化して、韓国の歌としてヒットするということがかなりありました。今でも日本のカラオケに時々行くと、この歌は歌詞だけ変えて韓国で発売したらヒットするだろうなという曲がよくあります。

石原 そうでしょうね。でも、韓国は何で漢字をやめちゃったの？

金 今から20年ほど前は日本と同じように、名詞は漢字で、助詞と動詞、それに漢字で表現できない文字だけにハングルが使われていたんです。ところが10年ほど前から、まず新聞が変わって、その後一気にハングル化してしまいました。確かに新聞制作面などではハングルの方が便利な場合も多いんです。それでコンピュータからも漢字がなくなっていって、結局若い人たちが漢字を読めなくなる。そうなるとハングル化は早かったですよ。

「日本人と韓国人のカップルは最高の組み合わせ（笑）」——石原

石原 なるほど。ところで今後の文化交流だけれども、これはフリーにしたらよいと思う。それが一番早いですよ。若い人の交流がこれからの新しい日韓関係を作っていくんでね。

私は日本人と韓国人が結婚したら一番いいカップルになると思うよ。韓国ではまだ男が威張っていて、奥さんを殴ったりするらしいけど、日本では逆で、奥さんに亭主が殴られるからね。トウガラシとワサビの辛さが両方混じったらちょうどいい（笑）。

金 韓国が今も日本の文化の流入をふさいでいるのを私は非常に残念に思います。本当は、2001年に完全に開放しようとしていたのですが、歴史教科書問題があって延期してしまいました。でも現在も、北朝鮮の問題など日本と韓国で協力していける問題があると思います。

「対北朝鮮対処の理想は『韓日軍事同盟』にあり」──金

石原 それは日本よりもっと韓国の立場のほうが深刻で難しいと思いますよ。同胞が分裂し、北朝鮮は非常にファナティック（狂信的）な国になっている。中国もまだまだ正体がわからない。ロシアだって静かな混乱が続いている。かつて冷戦構造の中でヨーロッパにあった緊張は我々には遠いものだったけど、今、北朝鮮があいう危険な試みをしている。中国は中国で軍事力を背景にした覇権主義を表に出してきている。こうした北東アジア情勢に対してアメリカがどう対応していくか、実は今大きな転換点を迎えているわけですが、それらに対する対応は、日本と韓国では、やはり少し違ってくるんじゃないでしょうか。

金 北朝鮮に対して危険を感じている点は同じなのだから、その意味で韓日軍事同盟ができる可能性はあるのではないかと私は思います。

石原 それはあり得ると思うけど、日本は、なかなかそこまで踏み出さないでしょう。

金 憲法で軍隊をもつこと自体、認められていないような状況だからですか？

石原　いや、日本はすでに軍隊をもっていますよ。自衛隊は当然、軍隊だと僕は思っていますし、お金も随分とかかっています。防衛力の点でも、少なくとも北朝鮮に対して領海・領空を守るということだったら十分にできるでしょう。ただそこまで踏み込むかということは政府の姿勢の問題だろうし、もし日本政府がそれを踏み切って北朝鮮や中国と激しい紛争になった場合、アメリカは日本に肩を貸さざるを得ないし、韓国との新しい軍事関係もできるでしょう。

「日本政府が援助すべきは中国ではなく統一後の朝鮮」——石原

石原　北朝鮮自体はもう限界にきていると思うけど、ただ韓国の立場で考えると、北朝鮮が瓦解してアメリカがしばらく占領するなら話は別だけれども、北と南が一緒になったらドイツよりも大変なことになりますよ。今、東ドイツを抱え込んだことで経済が衰弱し、ベルリンも疲弊しているように韓国も大変なことになりますよ。それを韓国の政治家がどう処理するか。まあ、難しいでしょうね。

金　ですから北朝鮮が崩壊したときに韓国が単独でこの問題を解決するというのは非常に難しいと思いますから、日本と連携して対応するのがいいのではないかと思います。

石原　まったくそうだと思いますね。私は、北朝鮮崩壊後に南北朝鮮が統一して新しい国家ができるプロセスでは、日本にも大きな責任があると思いますね。そのとき思い切った協力をすることは、水爆を製造している中国に経済援助を続けるより、はるかに利口で日本自身のためにもなると思うし、より良好な日本と朝鮮半島の関係を築いていくことになると思う。あなた自身はこれからどうするの？

金 今後は韓国で活動する予定です。出版社を作ったんです。これからもアジアの中で韓国と日本がどのようなかたちで連携していけるのか、しっかり見守っていくつもりです。

※乙未事変　日清戦争後、三国干渉によって日本の朝鮮半島における影響力が弱まる中、明成皇后（閔妃）と守旧勢力が再び勢力を掌握したことに反発した親日派勢力が日本軍と結託して明成皇后を殺害した事件（１８９５年）。その後、大院君を執政とする親日政権が樹立された。

【初出】本書は『ＳＡＰＩＯ』（小学館刊）２００２年8月21日号〜２００３年7月23日号に掲載された連載
『日韓「禁断のテーマ」を斬る！』に加筆、再構成したものです（※は編集部注）。

著者　金完燮（キム ワンソプ）
1963年、全羅南道光州生まれ。サレジオ高卒。高校時代の80年に起きた光州民主化運動に参加して全羅道庁に籠城。逮捕・投獄され、のちに「国家偉功者」として表彰される。82年、ソウル大学物理学部に進学し、天文学を専攻。雑誌記者を経て92年よりフリーランサーに。95年に出版した『娼婦論』（2002年、日本語版を日本文芸社より刊行）がベストセラーとなる。訳書にアインシュタインの『物理学の進歩』。2002年に刊行し、韓国政府より青少年有害図書に指定され事実上の“発禁処分”を受けた『親日派のための弁明』の日本語版（草思社刊）が30万部のベストセラーに。共著に『日韓大討論』（扶桑社刊）がある。

日韓「禁断の歴史」
2003年11月1日　初版第1刷発行

著 者　金完燮
発行者　竹内明彦
発行所　株式会社小学館
〒101-8001
東京都千代田区一ツ橋 2 - 3 - 1
電話／編集 03 - 3230 - 5805
制作 03 - 3230 - 5333
販売 03 - 5281 - 3555
振替／ 00180 - 1 - 200
印刷所　大日本印刷株式会社
製本　株式会社若林製本工場

ISBN4-09-389651-8